dijken en dijkdoorbraken

in het Nederlandse rivierengebied

Uitgeverij Boekencentrum B.V./'s-Gravenhage

triangelreeks

dijken en dijkdoorbraken

in het Nederlandse rivierengebied

H. van Heiningen

I.S.B.N. 90-239 2786 9

Printed in the Netherlands

1 De aanleg van de dijken

De slingerende dijken, die zoveel aardige gelegenheden bieden om uit te zien over een schilderachtig rivier- en polderlandschap, zijn veel jonger dan lang gedacht is. Zonder veel 'vakkennis' kan ieder die er oog voor heeft, op vele plaatsen zien dat de kavelindeling van akkers en weilanden niet – zoals dat bij de oude binnenwegen altijd wél het geval is – logisch aansluit op de dijk. De rivierdijk doorsnijdt daar het kavelpatroon en dit bewijst dat de gronden al in gebruik en verdeeld waren, toen met de aanleg van de dijken begonnen werd.
De dijken zijn dan ook bepaald niet aangelegd door de romeinen, zoals lang geleerd is in de schoolboekjes. Waarbij dan altijd nog verteld kon worden dat de dijkenbouwers dronken waren of achteruit liepen, zodat hun wegen zich in allerlei vreemde bochten door het landschap gingen kronkelen. Er zijn langs onze rivieren zeker steden en dorpen genoeg, waarvan de geschiedenis teruggaat naar de romeinse tijd. Die ontstonden op de door de rivier zelf opgeworpen stroomruggronden, die ook zonder bedijking droog bleven. Want de nog niet binnen de dijkwallen gevangen rivier had overal een kilometers brede strook tot zijn beschikking waarover het water verdeeld kon worden, zodat het verschil in waterstanden (betrekkelijk) gering bleef.

Kaden

Ongetwijfeld zijn er ook in de eerste eeuwen van onze jaartelling wel oeverwallen verhoogd om de bewoonbaarheid ervan te verbeteren. Maar pas in de karolingische tijd (ca. 750-1000), toen overal in ons land de gebieden welke doorsneden worden door de grote rivieren, vaste bewoners kregen en nagenoeg alle dorpen ontstonden, waren waterstaatkundige ingrepen van enige importantie noodzakelijk. Maar de belangrijkste zorg voor die eerste dorpsverbanden gold niet de rivierzijde. Men legde eerst dwarskaden aan langs de hoogstgelegen grens met het naburig kerspel om het water van die kant op te keren. Die noemde men 'sytwende' of 'zijvang' – een naam die men in het rivierenland nog altijd, soms fors verbasterd, volop kan terugvinden. Het is meestal ook nu nog de grens van een kerkelijke of burgerlijke gemeente.
Voorts legde men kaden aan langs 'de benedenkant' oftewel de achterzijde van het kerspelterritorium waarheen het overtollig water vrij kon afvloeien naar wat men later de 'komgronden' zou gaan noemen.

Meer water

In de 12e en 13e eeuw moet de bevolking van de lage

landen flink zijn gegroeid en dat maakte een verdere en veel ingrijpender beteugeling van de grote rivieren noodzakelijk. Om een groter aantal mensen te kunnen voeden, waren immers grotere oppervlakten landbouwgrond en een intensiever bodemgebruik van het grootste belang. Juist in die tijd gingen de rivieren waarschijnlijk ook grotere hoeveelheden water ineens afvoeren omdat er 'hogerop' in haar stroomgebieden, waar de bevolking eveneens groeide, veel bossen – die de afvoer van overtollig regenwater temporiseren – werden gerooid.

Mogelijk werd de toenemende wateroverlast in onze streken ook nog bevorderd door de z.g. transgressieverschijnselen – een zaak waarover de deskundigen het nog niet eens zijn. Op eeuwen van betrekkelijke rust langs onze kusten zouden lange perioden zijn gevolgd met grotere regenval, hogere oceaanstanden en meer stormvloeden, waardoor tot ver van onze zeekusten het water werd opgestuwd. Eeuwen van rust en eeuwen van verhoogde activiteit van de Noordzee zouden elkaar in een bepaald tempo hebben opgevolgd tijdens de wordingsgeschiedenis van ons land en de 13e eeuw zou het hoogtepunt kunnen zijn geweest van een 'natte' periode. Maar nogmaals – de wetenschap heeft over de transgressieverschijnselen het laatste woord zeker nog niet gesproken.

Dijkwerkers aan de arbeid. Een prent vermoedelijk gemaakt rond 1650.

Van 'onderop'

De bedijking van de rivieren geschiedde 'van onderop' – vanuit het hollandse, dat eerder een vrij sterk centraal gezag had dan de meer oostelijk gelegen delen van de lage landen. Het verhogen van de oeverwallen tot dijken en het dichten van de gaten die een op drift geraakte rivier ook al in de oeverwallen kon slaan, vergde een vrij hechte organisatie met gezag boven dat van de kerspels, 'maelscappen', 'einen' of hoe men ook de dorpsgemeenschappen noemde. Niet slechts de dijkaanleg, doch vooral ook het onderhoud ervan vergde een goede organisatie. Daar waar de dijkring eenmaal gesloten was, zou immers, zoals de geschiedenis leren zou, de rivier immer weer snel de zwakste schakel in de keten weten te vinden.

Duidelijk is ook wel, dat door het bedijken van de laagst gelegen gedeelten van de rivier het water nog meer werd 'opgekropt' en de gebruikers van de hoger gelegen gronden aldus werden gedwongen ook hun gronden te gaan beschermen door 'bandijken'.

Dijkbrieven

Het zijn boeiende stukken – niet alleen voor de kenners van het oud-vaderlands recht – die 'dijkbrieven', waarbij de graven van Holland, de bisschoppen van Utrecht of de hertogen van Gelre hun onderdanen het recht gaven om 'totten nut, oirber ind waelfaeren des landtz' grote gebieden te bedijken en waarbij dan de eerste waterstaatsorganisaties van ons land in het leven werden geroepen.

De landsheer vertelt er meestal in dat hij de regels uitvaardigt op verzoek of in overleg met zijn onderdanen. In de bekende dijkbrief van 1321 begint Graaf Reinald van Gelre met de mededeling, dat het Land van Maas en Waal en het Rijk van Nijmegen bedijkt moeten worden, maar hem gebleken is, dat "t gemeyne Lant des niet overdragen noch volbrengen en kan sonder raet ende hulpe van ons'.

Aan het slot van het stuk belooft hij ook de rechten 'te vernyhen als 't gemeyn lant des begeert'. Johan van Beieren schrijft in 1422 dat 'onse getrouwe stat van Gorinchem zeer oitmoedelic versocht hebben om een goet bescreven dycrecht'. Vooroverleg pleegde de graaf in 1356 'mit den gemeynen erfgenaemen van Putten ind van Nykerk' over het dijkrecht van Arkemeen, maar passages die erop wijzen dat de landsheer al zijn onderdanen had bijeengeroepen om hen inspraak te geven, zijn toch erg schaars in de vele tientallen dijkbrieven. Dat overleg blijkt telkenmale veeleer plaatsgevonden te hebben met een selecte representatie. Ze kwamen b.v. tot stand in overleg met 'Onsen Lieve getrouwen Borgemeesteren Schepenen ind Raet onser Stad Nimwegen' (1445 Over-Betuwe) of 'mit rade, wille ende consent onser Ecclesiën, Ridderen, Knapen ende Stad van Utrecht' (1405 Lekdijk-Benedendams).

Ouder recht

Van belang is ook dat zelfs in de oudste ons overgeleverde dijkbrieven verwezen wordt naar oudere, reeds lang bestaande rechten. In de dijkbrieven van 1327 voor de Bommelerwaard en de Tielerwaard zegt de graaf van Gelre 'dat die dorprichters haer scouwe behauden, die si van recht heyr hebben bracht' en Willem VI stelt in een stuk van 1414 'behoudelic dat dat dicrecht staen sal op sulcker mate ende goeden oude gewoonte alset tot hiertoe costuymelijken geweest heeft'.
Daaruit blijkt dat er al voor de bedijking uit in de lage landen bepaalde vormen van 'waterstaatsrecht' waren. Regels die voortleefden als gewoonterecht en waarvan er trouwens enkele zijn opgetekend in de 'leges barbarorum', de aantekeningen betreffende rechtsregels die in bepaalde landsdelen golden voor de 'kerstening' daarvan.
In die dijkbrieven worden publiekrechtelijke organisaties in het leven geroepen, die voor een niet gering deel nog altijd bestaan en waarvan het bestuur in grote lijnen nog altijd in beginsel wordt geformeerd op de wijze zoals dat eeuwen geleden werd voorgeschreven. Aan het hoofd staat een dijkgraaf te benoemen door de landsheer, die meestal zijn keuze dient te beperken uit mannen, die 'gegoed' zijn in het betreffende gebied. In zijn dagelijks werk wordt de dijkgraaf bijgestaan door de 'heemraden', die gekozen moeten worden uit de geërfden: de grondbezitters als de eerst belanghebbenden bij een goede waterbeheersing.

De beringing van de doorgebroken dijk bij Spees op 9 maart 1855. Prent van M. ten Kate.

Bochten

Het moet een enorm karwei geweest zijn die eerste dijkaanleg. Op enkele plaatsen was de oeverwal al hoog genoeg; men kan die plaatsen ook nu nog herkennen aan de zeer zwak hellende binnenglooiingen van wat hier dan ten onrechte dijk heet. Maar over de grootste lengten moest toch een dijk gemaakt worden met de grond die men daarvan 'ten minste schade en 't naast gelegen' halen moest. Kranen of lorries kende men nog niet en er zijn dus ongetwijfeld een groot aantal 'dijkputten' gemaakt voor de 'aardhaling'. De rivier was bijna overal verdeeld over meerdere stroomgeulen en het dijktracé, dat men koos, volgde meestal het verloop van de buitenste 'strang' van de meanderende rivier. Ook de plaats van de dijkputten was, waarschijnlijk veel meer nog dan de eigendomsrechten, bepalend voor het te kiezen tracé. Maar vast staat wel, dat die eerste dijken heel wat minder bochten hadden dan de dijken zoals we die nu kennen. Iedere niet strikt noodzakelijke bocht betekende immers een verspilling van materiaal en arbeid en een nodeloze verhoging van het risico en de kosten van onderhoud. De eerste dijken waren dan ook vrij rechte en kale dijken; de vele bochten in de dijken van nu, de kolken aan de voet ervan, de huizen op en tegen de dijklichamen, de begroeiing van de bermen, al die elementen, zo kenmerkend voor het dijkenlandschap, zijn ontstaan in de ongeveer zeven eeuwen durende strijd om de beteugeling van de rivier.

Overstroming bij den Bosch in de laatste dagen van 1180. Een prent in De Hollandse Illustratie van 28 januari 1881.

2 Het oude recht

De romantische theorie, dat de gronden in de kerspels langs de rivieren eerlang gemeenschapsbezit waren, vindt geen steun in het dijkrecht. Integendeel zelfs. Dat dijkrecht is gebaseerd op privaatbezit van de gronden en heeft ongetwijfeld het 'individualisme' – dat een zo grote rol speelde in de strijd tegen de gemeenschappelijke erfvijand, het water – sterk gestimuleerd.
Graaf Reinald, die in zijn brieven van 1327 zegt dat in de Bommelerwaard en in de Tielerwaard de dorpsrechters hun bevoegdheden houden, levert ons het bewijs dat er in die tijd in de dorpen langs de rivieren al een dorpsbestuur was met aan het hoofd een waarschijnlijk door de bevolking zélf gekozen rechter. Die 'spande de bank' op een plaats onder de blote hemel, die wel eens 'heymael' werd genoemd en vroeg daar aan de hand van ongeschreven, doch kennelijk iedereen bekende oude regels een vonnis over de inbreuk op die wetten. De rol van de rechter was verder vrijwel passief. Het groepsverband bepaalde hoe de inbreuk op de rechten 'gezoend' moest worden en kon ook iemand 'vredeloes' verklaren, dat wil zeggen uitstoten uit de gemeenschap. Regels daaromtrent zijn opgetekend in de 'leges barbarorum', waarin men b.v. al kan vinden dat de rechter óf de gezamenlijke geërfden zeven 'oordeelwijzers' kunnen kiezen (een jury kunnen formeren dus) en dat er slechts recht gesproken mag worden bij 'climmender sonne', alleen voor de middag dus.

Gemene gronden

Anders dan later bij de dijken het geval zou zijn, waren de kaden, die het dorpsgebied moesten beschermen van begin af aan in beheer bij het dorpsbestuur. Dat bestond meestal uit een rechter (die later vervangen werd door de door het hoger gezag aangestelde schout) en twee door de geërfden uit hun midden gekozen 'buurmeesters'. Als de kaden bewaakt, gerepareerd of onderhouden moesten worden, dan werden daarvoor alle volwassen mannen opgeroepen. Als er eenmaal een toren met een klok was, geschiedde dat 'bij clockenslagh'. Zoals ze ook opgeroepen werden als er een brand bestreden of een het land afstropende bende weerstaan moest worden. Later – na de tachtigjarige oorlog – werden ook voor deze hand- en spandiensten reglementen op papier gezet. Daarin vinden we dan al naar gelang de grootte van hun bezit de geërfden soms onderscheiden in 'hele boeren', 'halve boeren' en 'keuters', die dan respectievelijk op het werk moesten verschijnen met paard, kar en knecht, alleen paard en kar of alleen met hun spade. De dorpswegen 'verhardde' men volgens die reglementen soms met rijshout en bagger uit de bermsloten en de wat grotere dorpen blijken voor deze diensten soms opgedeeld te zijn in 'rotten'.

Het herstellen van de doorgebroken Lekdijk in Vreeswijk in januari 1624. Een tekening van E. van de Velde.

Er waren relatief kleine stukken grond, die voor allerlei doeleinden gebruikt werden in bezit van de gemeenschap zélf – de z.g. 'gemeyne gronden', die in de toponiemen vaak nog voortleven als "'t Gement' of 'de Meent'.

Kerken

Bijna alle dorpskerken op of nabij de rivierdijken zijn ouder dan die dijken zelf en ze zijn dikwijls ook zo groot, dat alle dorpsbewoners er wel een plaats in zouden kunnen vinden. Al die kerken, waarvan soms nog slechts de imposante toren over is, werden – hoe dan ook – gesticht en onderhouden uit de opbrengst van de grond binnen de kerspelgrenzen. De dorpen waren dus zeven of acht eeuwen geleden al vrij groot en betrekkelijk welvarend. De kerktoren moest altijd onderhouden worden uit de dorpskas, terwijl de 'buyck' van de kerk – waarin ook de geërfdenvergaderingen werden gehouden en die soms diende als toevluchtsoord bij watersnood – werd onderhouden door de parochianen samen, die daarvoor ook wel stukken land hadden. Een apart domein was het priesterkoor. Voor de geestelijkheid en voor het onderhoud van het priesterkoor werden tienden geheven en ook daarvoor had men wel afzonderlijke landerijen. Ook al deze goederen waren 'besmet met dijkplicht', zoals die – na de bedijking uiteraard – gold voor alle onroerende goederen.

Hoefslagen

De dijken werden al gelijk bij de aanleg ervan 'verhoefslaagd', dat wil zeggen dat elk stuk land of elk aaneengesloten complex van één eigenaar werd belast met een afgepaald gedeelte van de dijk. Maatstaf voor de lengte van het dijkvak was het grondoppervlak en de dijkplicht zou ten eeuwigen dage als een onvervreemdbare plicht op de 'hoeve' blijven rusten. Op de dijkcedullen – de kohieren van de dijkplichtigheid – stonden dan ook altijd de namen van de diverse percelen genoemd achter de genummerde dijkvakken. Tientallen jaren achtereen bleven de dijkcedullen geldig, totdat, na de verwoesting b.v. door een oorlog, een dijk wel eens opnieuw verhoefslaagd moest worden. Later werden de dijkcedullen in sommige streken om de tien of twintig jaar herzien en omdat dan het dijkvak opnieuw moest worden verdeeld als de oorspronkelijke 'hoeve' was opgedeeld, en kon het voorkomen dat op de dijk gemeten moest worden in roeden, voeten, duimen en 'greinen'.
Bij de verhoefslaging ging men ervan uit dat er 'geen land zonder dijk en geen dijk zonder land' zou zijn en dat het zo moest blijven. Maar later werd toch voor geestelijke corpora wel eens een uitzondering gemaakt en ook ridders of steden zagen in incidentele gevallen wel eens kans hun dijkplicht af te kopen. Zodat er in latere eeuwen binnen de meeste dijkringen wel landerijen waren te vinden, die niet met dijkplicht waren 'besmet'.

Schouwen

Drie tot vijfmaal per jaar werd de dijk 'geschouwd' – een bijna rituele gebeurtenis, waarin herbergen aan de dijk een rol van betekenis speelden. Gezeten te paard reed de dijkgraaf dan over de dijk, gevolgd door de heemraden, de dijkschrijver (secretaris) en vaak nog andere bedienden. Men begon bij een zeker punt dat 'aenschouw' heette en waar dan de schouw werd 'aengehangen' en reed de gehele dijkring rond tot de 'afschouw' waar de schouw weer werd 'afgehangen'. Regel was, dat de dijkgraaf niet rijden mocht over een dijkvak, dat niet voldeed aan de tevoren in een 'ciering' vastgelegde normen. Evenmin mocht hij schouwen anders dan 'bij climmender sonne', zodat het hele gezelschap rond het middaguur, 'als die sonne had gewend', een herberg binnentrok om pas de volgende morgen verder te gaan. Ook op zondag mocht niet geschouwd worden. De dijkgraaf mocht de dijk ook niet verlaten alvorens de schouw geheel 'volbracht' was. In vele streken begon die schouw op een dinsdagmorgen en vaak was daarmee dan verder de gehele week gemoeid.

Loven en bieden

De eerste schouw, die al vrij vroeg in het voorjaar werd

gehouden, heette 'loofschouw' en een enkele maal ook 'borchschouw'. Dan moesten alle geërfden, die in dit verband dan 'dijkgeslaagden' werden genoemd, persoonlijk of bij een gemachtigde op hun eigen dijkvak aanwezig zijn om te beloven dat ze dit onderhouden, repareren en/of verhogen zouden naar de ciering die ze van de heemraden vernemen zouden. Het was voor de dijkgeslaagden van groot belang die dag aanwezig te zijn, want als voor een bepaald dijkvak niet 'geloofd' werd, dan besteedde de dijkgraaf het in orde maken ervan aan 'op sijnre weerpenningh'. En dat wil zeggen dat hij het dubbele bedrag van wat hij had moeten besteden verhaalde op de nalatige. Uit velerlei overgeleverde stukken blijkt dat die nalatige daarbij veel zwaarder gepakt werd dan strikt noodzakelijk was. Want in de schouw reden vaak ook 'aannemers' mee (niet zelden fungeerde de dijkschrijver als zodanig), die er – evenals de dijkgraaf zélf – belang bij hadden een fikse prijs te vangen voor het karwei.

Liggen teren

De tweede schouw heette 'eerdschouw' of ook wel 'schouw der aarde' en werd midden in de zomer gehouden. Dan diende nagegaan te worden of de dijk voldeed aan de ciering en althans 'in aarde', dus nog zonder begroeiing, gereed was om opkomend water te keren. Bij elk dijkvak waar hij kwam voorrijden vroeg de dijkgraaf dan aan de heemraden of het 'geprezen' mocht worden. Als hij een ontkennend antwoord kreeg, dan reed hij 'agterwaard' en dat wil zeggen dat het hele gezelschap terugging naar de het laatst gepasseerde herberg om daar 'te liggen teren opter geenre cost die den dijck heur ist'. Men bleef op kosten van de nalatige in de herberg totdat het dijkvak aan de eisen voldeed. Ook van dit privilege werd wel eens misbruik gemaakt door de 'dijkstoel', zodat in latere reglementen de nalatigen bij de tweede schouw een boete kregen plus een nieuwe kans om alsnog op korte termijn orde op zaken te stellen en het 'agterwaard rijden' en 'liggen teren' op andermans kosten beperkt werd tot de nalatigen bij de derde schouw.
Bij de tweede schouw diende ook de dijkgeslaagden wier dijkvak tijdens de eerste schouw was aanbesteed, klaar te staan om de kosten te betalen. Als dat niet geschiedde, werd het betreffende dijkvak door de dijkgraaf voor 'verloren' verklaard en dan moest met toepassing van het 'boesemrecht' door het 'zeventuig' worden uitgemaakt wie het dijkvak diende te 'heren', dat wil zeggen voor de kosten zou opdraaien en het dijkvak in het vervolg moest onderhouden.

Tuinschouw

Vooral de 'schaardijken', dat wil zeggen de dijken, die zonder uiterwaard ertussen direct aan de rivier grensden en ook andere dijkvakken die men gevaarlijk achtte, moesten in het najaar aan de rivierzijde

worden ‘betuynd’. De dijkhelling moest dan belegd worden met een vlechtwerk van rijshout, ‘horden’ e.d. om afslag door de golven tegen te gaan. Daarvoor werd in het najaar een derde schouw – de ‘tuynschouw’ – gehouden, die in elk geval gold als een z.g. inrijschouw; als bij deze schouw een dijkvak niet in orde was, dan ging de dijkgraaf terug om de herberg in te rijden.
Als een gebroken dijk hersteld moest worden of beschadigingen dienden te worden gerepareerd, werden er tussentijds ook wel ‘noodschouwen’ gehouden, doch dat betekende geenszins dat een van de drie vaste schouwen achterwege zou blijven.

Spadesteken

Het oudste dijkrecht was een onbarmhartig recht omdat voor elke dorpsgenoot de plicht gold om – hoe dan ook – het dijkvak te herstellen, waarmee de grond die hij gebruikte, besmet was. Ook als een woedende rivier juist dat vak gekozen had om door te breken en een gat in de bodem te slaan. De dijkplicht kon dan een geërfde volstrekt ruïneren en hem dwingen gebruik te maken van het ‘recht van spadesteking’. Hij moest dan tijdens de schouw met een spade in de hand op zijn dijkvak komen staan, soms met ontbloot bovenlijf (Salland 1308) of omgord met een ‘stroyzele’ (Veluwe 1370), de spade in de grond steken voor de dijkgraaf en met de linkerhand daarop de eed afleggen dat hij geen bezittingen meer had dan wel dat de waarde van zijn bezittingen onvoldoende was om zijn dijkvak te kunnen onderhouden. De spadesteker of ‘dijkverlater’ werd dan uit het gebied verbannen en mocht bij zijn vertrek slechts zijn ‘tilbare’ goederen meenemen. Het dijkvak werd voor ‘verloren’ of ‘ongeheerd’ verklaard.
Al vrij vroeg in de geschiedenis van het dijkrecht zijn er acties gevoerd om althans bij een dijkdoorbraak elkanders lasten te gaan dragen. Het ‘beringen’ van de doorbraak was een zeer kostbare aangelegenheid en vaak was de ‘wiel’ of ‘waay’, die door het ziedende water in de bodem geslagen was, zo diep, dat het veel voordeliger of zelfs noodzakelijk was de dijk er maar rondomheen te leggen. De wiel werd dan ‘buitengedijkt’ of ‘binnengedijkt’. De dijk kreeg dan een van de vele bochten waarom hij in onze tijd karakteristiek is geworden. Maar voor de getroffen dijkgeslaagde werd het dijkvak zoveel langer en ook zoveel kwetsbaarder. De geschiedenis leert dat de rivier nogal eens in het volgende seizoen de ‘nyen dyck’ opnieuw verwoestte.
We zien dan ook de gelderse hertogen in 1370 voor de Veluwe, in 1383 voor de Over-Betuwe en in 1439 voor de Neder-Betuwe bepalen (zoals we dat in die tijd ook voor andere delen van het land vinden) dat de kosten van het herstellen van een doorbraak voor rekening van ‘’t gemeyne land’ – dat wil zeggen voor rekening van de gehele door de dijkring beschermde polder – moest komen. Maar lang niet overal werd een dergelijke nieuwigheid – een inbreuk op de oude ‘costuymen’ – aanvaard. In de ‘buurtspraken’ van de stad Tiel uit 1444 en 1447 zien we nog dat iemand die zijn doorgebroken dijk niet zélf maken kan

De overstroming en doorbraak van de IJsseldijk bij Gouda in november 1776. Een prent van N. v. d. Meer.

voor richter en schepenen verschijnen moet om in het openbaar 'mit sijnen eede vleyschelijcken aen den Heyligen to sweeren mit gestaeffen eede, dat hij van kenlycken noot ind van gerecht armoede geen macht en heeft den doerbraecken off waedighen dijcken erder te doen maecken nae 's Heemraets koere'. Al zijn bezittingen vervallen dan aan de stad en hij zal 'ontborgert' zijn en nooit meer stadsburger mogen worden.

Verloren dijk

Als tijdens de schouw een dijkvak voor 'verloren' werd verklaard, dan startte een eeuwenlang om de grote kosten ervan zeer beruchte en gevreesde 'dijkprocedure'. Het dijkvak werd gemaakt op last van de dijkgraaf, maar die ging het dubbele van zijn kosten en in sommige gevallen zelfs het driedubbele daarvan (de 'onreat' geheten) verhalen op de 'rechte aenschot'. Dat waren op de eerste plaats alle goederen van de 'herbrenger' – de gebruiker van het stuk grond waarop volgens de cedulle de plicht rustte het verloren vak te onderhouden – zo die al niet als dijkverlater uit de polder gebannen was. Maar die waren meestal niet voldoende om de kosten te dekken en dan trad, evenals bij spadesteking, het 'boesemrecht' in werking. Een recht dat diende te voorkomen dat men zich door vervreemding of versnippering van zijn bezit aan de dijkplicht kon onttrekken, maar dat door zijn werking het recht van bezit een wat onzekere zaak maakte. Men zocht namelijk de vorige bezitter

op van de gronden waartoe het dijkvak behoorde en ging na welke onroerende goederen die nog verder had op het tijdstip van de eigendomswisseling en deze werden dan in de 'dijkgave' betrokken. Men ging meestal tientallen jaren terug om na te gaan tot welke 'boesem' het verloren vak weleer behoord had en alle delen van dat complex eigendommen werden stuk voor stuk aan de dijkgraaf gegeven, totdat diens 'onraet' volledig was vergoed en 'den boesem weder vol ende rond' was om daarmee het dijkvak weer te kunnen 'heren'. Tientallen bunders grond werden aldus vaak in een dijkprocedure betrokken en meerdere eigenaren konden daardoor hun bezit kwijtraken.
Wat de volstrekt onverwachte en pijnlijke consequenties konden zijn van dat boesemrecht ondervond de welvarende stedeling Constantijn Huygens, die zich – zoals dat ook nu nog volop geschiedt – een plaats op het platteland had verworven; Huygens deed dat door aankoop van de heerlijkheid Zuilichem. De bekende auteur werd echter in de jaren 1679-1685 via het boesemrecht betrokken in een dijkprocedure, waardoor hij tot zijn grote verontwaardiging een deel van zijn bezittingen kwijtraakte.

Zeven gevers

Het 'uitboesemen' en de 'dijkgave' geschiedde door een soort jury, die het 'zeventuig' heette. De procedure begon met een op het verloren dijkvak door de dijkgraaf aan de heemraden te stellen vraag 'up wen hy dan sijn vuytgelechte gelt vorderen offte manen sall und woe hij daermitt voertfaren solte'. De heemraden stonden hem toe de 'zeven gevers' te 'citeren', dat waren de 'naeste dijckgenoten', oftewel de dijkplichtigen van de vier vakken boven het verloren vak en de drie vakken daar beneden. Die moesten meestal zeven weken na het begin van de procedure op een dinsdagmorgen op het verloren dijkvak verschijnen voor dijkgraaf en heemraden. De tussentijd was zo lang, omdat de 'citatie van de zeven gevers' op drie zondagen in de kerk moest worden voorgelezen of later – toen alle kerspelgenoten niet meer naar dezelfde kerk gingen – 'voorhoofts geciteerd' worden, dat wil zeggen aan alle geërfden in persoon worden voorgelezen.
Een 'gever' moest om te beginnen een eed afleggen, die b.v. (in Maas en Waal in de 16e eeuw) aldus kon luiden: 'Ick laeff unnd ick swere, dat ick als een gever van die soeven gevers ende naeste dijckgenoethen, die geeyschet sijn alst dijckrecht is, dezen ongeherden ende verloren dijck onpartyelick helpen heren ende gevan sall up sijn rechte aenschott, up man ende op erve, daer hy van rechts wegen behoert, nae mynen rechten weeten ende vijff sinnen, soe ick my uutther die still wairheit unnd andere instructien, voert segelenn ende brieven hebb kunnen beleeren. Unnd dat ick daerinne geine parthie dragen noch oeck frundt noch maege, noch oeck my selver noch iemandtz persoen, hy sie dan geestlick off wertlick, edell off onedell, rijck ader arm, verschoenen noch aensien en sall. Soe my Godt help und sijn heilich evangelium'.
Als een van de zeven gevers wegbleef op de bewuste morgen, dan was de

Een dijkdoorbraak bij Zutphen in maart 1784. Een prent van M. de Sallieth en F. Sansom.

procedure snel beslist: de wegblijver moest het verloren dijkvak onderhouden en alle tot nu toe gemaakte kosten betalen.

Stille waarheid

De zeven gevers vroegen meestal veertien nachten uitstel. In het oude dijkrecht telde men niet met dagen, doch met nachten en ook dat wijst op de verre en misschien germaanse oorsprong ervan. Twee weken later kwamen de zeven geërfden ten overstaan van dijkgraaf en heemraden op het dijkvak bijeen voor 'het eerste genecht'. Dat werd meestal door nog een of twee 'genechten' met een tussenpoos van twee weken gevolgd, omdat de zeven gevers opnieuw 'dwersnechten' vroegen om na te denken over wat ze ondertussen te weten waren gekomen. Ze vroegen tussendoor veelal het 'beleggen van de stille waerheit', een soort rechtszitting, die in de kerk gehouden werd onder presidium van de dijkgraaf. Daar moesten dan alle geërfden van het kerspel of een aantal met name genoemden van hen verschijnen om daar te tonen 'hare Zegelen ende Brieven, schijn ende bescheijdt, niets uytgesondert' en de eed af te leggen 'dat sij geene Zegelen noch brieven, schijn ende bescheijdt meer hebben noch weeten, ook niet verbracht noch verbrandt, noch hebben doen verbrengen noch verbranden'.
Alles wat men in de stille waarheid en tijdens de genechten te weten kon komen over de herkomst van eigendommen werd opgetekend en overhandigd

aan de zeven gevers, die zich daaruit 'beleerden' en ten slotte – vele maanden na de aanvang van de procedure – tot een uitspraak – de dijkgave – kwamen. Degene die met deze gave bedacht werd, moest behalve de 'onraet' aan de dijkgraaf ook alle kosten van de zeventuigsprocedure betalen. En dat ging meestal – in de tijd dat het land verkocht werd voor 150 tot 200 gulden per morgen – om duizenden guldens. Want er gold b.v. een presentiegeld ad 12 gulden voor de dijkgraaf, 6 gulden voor elke heemraad en voor de dijkschrijver en voor elke gever of een met name opgeroepen 'gedaegde in die stille waerheit' 5 gulden als hij 'riddermatig' was en 2 gulden als hij tot de klasse der 'huysluyden' behoorde. De dijkschrijver bracht voorts elk vel dat hij beschreef in rekening; het opmeten van de dijk kon per duim worden gedeclareerd en het aanzeggen der dorpsbewoners per hoofd.
De procedures, zoals ze hier geschilderd worden, zijn ontleend aan het oude gelderse dijk- en waterrecht. Ze werden ook elders gevoerd – in Holland, Utrecht, Overijssel, Friesland – en er waren per gebied nogal verschillen in de gang van zaken. Maar in essentie zien we overal hetzelfde: veel symboliek, de passieve rol van de dijkgraaf-richter, een vonnis van de geërfden zélf, een zeer lange duur en afschrikwekkend hoge kosten.

Winterbed

De rivier, die thans bij normale waterstanden samengeperst is in een vrij diepe en betrekkelijk smalle stroomgeul, heeft vele eeuwen achtereen heel wat meer speelruimte gehad in zijn winterbed (dat is het gebied tussen de beide dijken). De kribben en zomerkaden, die de rivier in een smal tracé dwingen zolang er niet al teveel water wordt aangevoerd, zijn over het algemeen nauwelijks een eeuw oud. Toen die er nog niet waren, verdeelde de rivier zich in het gebied, dat we nu uiterwaarden noemen, over meerdere stroomgeulen, waarvan door menselijk ingrijpen de koers soms vrij gemakkelijk kon worden verlegd.
Eeuwenlang zijn er dan ook door particulieren en allerlei groepsverbanden erg veel pogingen gedaan om op die relatief ondiepe stroomgeulen land te veroveren door het aanleggen van hoofden, ridsen of kribben of hoe men ze ook mocht noemen. Daarvoor waren allerlei wettelijke regels – men mocht b.v. niet 'kribben' tegenover schaardijken of tegenover forten –, maar daaraan was meestal vrij gemakkelijk een eigen interpretatie te geven. Daarenboven stond men aan beide zijden van de rivier altijd zoals niet openlijk vijandig, dan toch minstens wat 'concurrerend' tegenover elkaar, zodat er nogal op los gekribt werd. Ook daarover zijn ontelbare processen gevoerd.
Al was dat meestal wel het voornaamste doel; het ging bij dat leggen van kribben lang niet altijd uitsluitend om het winnen van land. Door vanaf een schaardijk kribben te leggen kon men het doorbraakgevaar wat verminderen (en voor de overzijde vergroten) en als zo'n dijk eenmaal wat voorland had gekregen (meestal ter breedte van 15 roeden) dan werd het een gewone

'landdijk', die minder kostbaar in onderhoud was.

Takkebos

Beneden een nieuw aangelegde krib dook na verloop van tijd 'schuylent sant' op uit het water, dat men zo snel mogelijk wilde beplanten met wilgenhout of iets dergelijks. Daarin zetten zich dan kleideeltjes af, waardoor inderdaad vrij snel een nieuw stuk bruikbaar land ontstond.
Maar alvorens zo'n nieuw eiland mocht worden bepoot, diende eerst te worden uitgemaakt wie de eigenaar ervan zou zijn. Ook daarvoor had men een specifieke procedure. Ter plekke werd dan een bijeenkomst belegd van de dijkgraaf-ambtman met 'gerichtsluyden' en iedere belanghebbende of belangstellende die erbij wilde zijn. De bijeenkomst moest gehouden worden bij 'climmender sonne' en werd tevoren aangekondigd in de kerken, maar de procedure werd uitgesteld als er wind was of het water anders dan een gemiddelde hoogte had.
Vanaf de kop van de krib gooide de ambtman dan een takkebos in het water. Als die buiten het eilandje om dreef, dan werd dat daarmede eigendom van de kribbelegger, maar als de takkebos binnendoor dreef, dan bleef het begeerde stuk nieuwe grond vooralsnog eigendom van degene tot wie de stroom behoorde. Dat was de landsheer.

Bevaren

De rivier behoorde vanouds tot de 'regalia' van de vorst en die had dus ook recht op de daaruit opkomende eilanden oftewel 'middelsanden'. De landsheer (later de Rekenkamer) diende zijn rechten echter eerst te vestigen alvorens zo'n eiland in gebruik mocht worden genomen. Dat geschiedde via een 'bevaring', die alleen mocht geschieden bij een gemiddelde waterstand, na aankondiging ervan in de kerken en – uiteraard – bij 'climmender sonne'. De rechtbank werd weer 'gespannen' onder de blote hemel zo dicht mogelijk bij het begeerde eiland. Daar verscheen dan ook een 'gemene marktschuyt', die zo groot moest zijn dat daarin minstens een 'last hard koorn' vervoerd kon worden. Want in die schuit stapte de ambtman (dat was in de praktijk bijna altijd de dijkgraaf, die, zodra hij buiten de dijken voor de landsheer optrad, handelde in zijn kwaliteit als ambtman) samen met gerichtsluiden en zoveel andere belangstellenden, dat er twaalf volwassen mensen aan boord waren. Het schip werd getooid met de vlag van de graaf of de rekenkamer en daarmee moest dan rondom het eiland gevaren worden. Als dat lukte en de schuit dus nergens aan de grond bleef zitten, dan werd het eiland bij het bezit van de landsheer gevoegd.
Waar het niet lukte of de landsheer geen aanspraak maakte op het uit de rivier opkomende nieuwe land daar kon de eigenaar van het nabijgelegen 'oudhoevi-

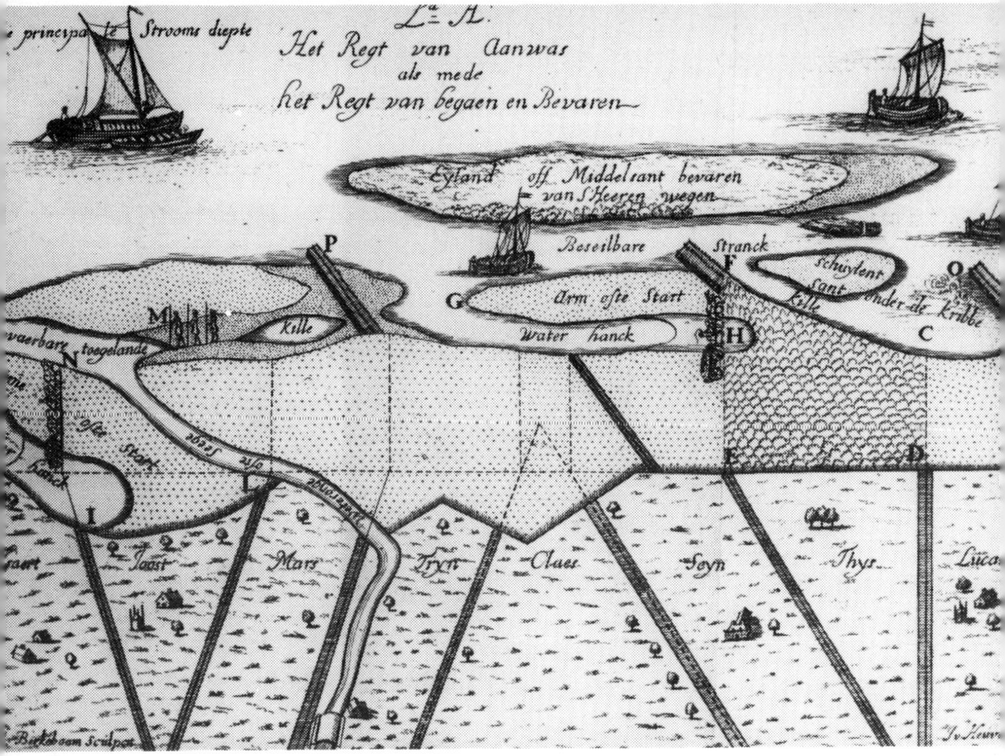
Lª A.
Het Regt van Aanwas
als mede
het Regt van begaen en Bevaren
principale Strooms diepte
Eyland off Middelrant bevaren
van s'Heeren wegen
Bezeilbare Stranck
Arm ofte Start
Water hanck
schuylent sant
Kille onder de Kribbe
Kille
vaerbare toegelande
Mars
Tryn
Claes
Seyn
Thys
Beckboom Sculpsit
P
F
O
G
H
C
M
N
E
D
L
I

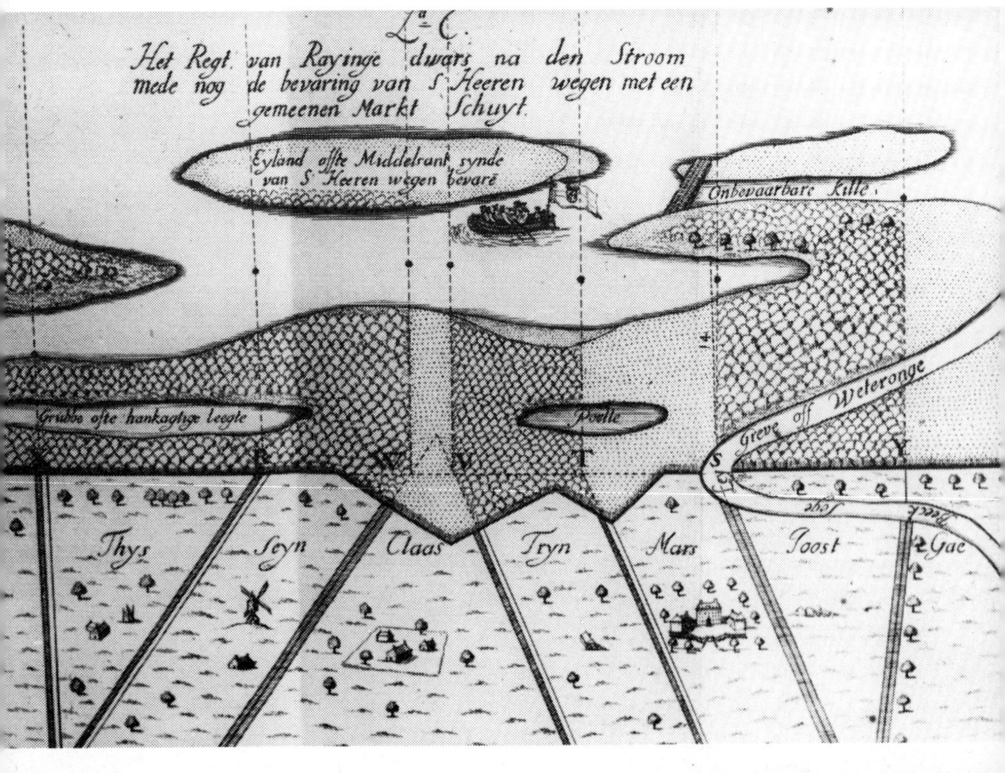
Lª C.
Het Regt van Rayinge dwars na den Stroom
mede nog de bevaring van s'Heeren wegen met een
gemeenen Markt Schuyt.
Eyland ofte Middelrant synde
van s'Heeren wegen bevarē
Onbevaarbare Kille
Grubbe ofte hankagtige leegte
Poelle
Greve off Weteronge
Thys
Seyn
Claas
Tryn
Mars
Joost
Gae
S
T
Y

ge' land een poging doen zijn bezit uit te breiden. Het gemakkelijkst was dat als de grond al zover was aangeslibd dat hij het nieuwe land ten overstaan van de rechtbank droogvoets kon bereiken om daarmee dan zijn rechten te vestigen. Maar omdat er meestal meerdere gegadigden waren voor het nieuwe land, werd daarop zelden gewacht; een nieuw 'opkomend middelsant' werd nogal eens verworven via de meest boeiende procedure uit het oude waterrecht: het 'bevaren met de mestkar'.

Mestkar

Ook voor deze 'bevaring' werd de rechtbank gespannen op het 'oudhoevig land' van degene die aanspraak maakte op het eiland in de rivier. Aankondiging ervan geschiedde in de kerspelkerk, allerlei belanghebbenden werden voorts schriftelijk opgeroepen en we weten ook uit velerlei stukken dat een dergelijke bevaring honderden belangstellenden trok.
Namens degene die het nieuwe land begeerde, reed er dan een wagen volgeladen met mest, waarvoor vier of zes paarden waren gespannen, voor de rechtbank. Er moesten twee voerlui daarbij zijn en een van de voorste paarden diende grijs of wit te zijn. Op dát paard diende een van de beide voerlieden te zitten met een fles wijn aan een koord om zijn hals. De tweede man diende naast een van de volgende paarden te lopen en hij moest een wittebrood in zijn boezelaar hebben. Men had voorts bijlen, palen en touwen bij zich.
Het gespan moest tweemaal rondom de rechters rijden en toog daarna onder het aanroepen van Gods heilige naam op weg naar het eiland. Op het moment dat de voorste wielen van de wagen het water raakten, beval de ambtman het gespan te stoppen en dan dienden de beide voerlui te eten van het brood en te drinken van de wijn. Die procedure herhaalde zich als de wagen geheel in het water stond en als de voorste wielen ervan op het eiland waren; driemaal moest het gespan dus stoppen en dan moesten de beide mannen eten en drinken. Op het eiland aangekomen, moest het gespan rondrijden. Daarna werden de paarden uitgespannen en werd de wagen op het eiland vastgelegd met palen en touwen. De voerlui keerden op de paarden terug naar het oudhoevig land, waar door de rechtbank de nodige akten werden opgemaakt.
De wagen moest daar zes weken blijven staan. Want na die termijn kwam de rechtbank terug om na te gaan of de mestkar op zijn plaats was gebleven en de 'bevaarder' zich eigenaar van het land mocht noemen. Als de kar was weggespoeld, mocht hij desgewenst een nieuwe poging tot bevaren doen, maar enigszins riskant was dat wel, want als het gespan 'driftich' werd tijdens de bevaring – dat wil zeggen wegdreef –, dan was de poging mislukt en zou de

Illustraties uit het Groot Gelders Placaetboek, die het waterrecht moesten verduidelijken. Op de bovenste tekening het recht van 'bevaren' of 'begaen' met de daarvoor noodzakelijke attributen als mestwagens, de takkebos enz. Op de onderste tekening het recht van bevaren met de marktschuit.

ambtman er ongetwijfeld binnen de kortste keren met de marktschuit omheen varen.

Eeuwen lang

Dit in onze ogen vreemde procesrecht stamt ongetwijfeld uit een grijs verleden. Maar het is eeuwen achtereen toegepast door onze voorouders in de dorpen nabij de rivier. In 1602 en 1679 werden de oude dijk- en waterrechten nog eens keurig op papier uitgewerkt en vastgelegd door de Staten van Gelderland. Die codificaties van het oude recht, dat formeel buiten toepassing raakte door de 'Rivierenwet' in de tijd van Lodewijk Napoleon, maar ook onder Koning Willem I aanvankelijk nog in praktijk gebracht werd, vindt men b.v., samen met fraaie tekeningen, in het Groot Gelders Placaetboeck.

De Waaldijk bij Waardenburg.

3 Het water tot de lippen

In de eeuwenlange felle strijd om de rivieren buiten de huizen te houden vallen ons, mensen van de 20e eeuw, vooral twee dingen op: het was een monotone aaneenschakeling van mislukkingen, omdat de kracht van het water het werk van de mensenhanden steeds weer verwoestte, en het was zo vaak ook een strijd van mensen tegenover mensen. Want men stond aan weerszijden van de in zijn winterbed kolkende rivier tegenover elkaar op de dijken in de wetenschap dat het gevaar voor eigen lijf en goed voorlopig geweken zou zijn als de waterkering aan de overzijde het begeven zou.

Een opsomming van de watersnoden, die ons land zo lang en zo vaak hebben geteisterd, was voor kort vooral gebaseerd op de tientallen oude kronieken, die in de archieven bewaard worden en ook grotendeels in boekvorm zijn uitgegeven. Het zal echter duidelijk zijn dat die slechts echt wetenschappelijke waarde hebben voor zover het gaat om gebeurtenissen, die de schrijver optekende als ooggetuige of minstens als tijdgenoot. In die oude boeken werden echter ook veel verhalen opgetekend, die voortleefden in de volksoverlevering, en heel wat van deze auteurs schreven elkaar eenvoudig klakkeloos over.

Vreemde verhalen vindt men in die oude watersnoodkronieken. Verhalen, die duidelijk maken hoezeer de watersnoden – die vaak gevolgd werden door epidemieën – hun stempel drukten op de samenleving, die het brute geweld tekenen waarmee zee en rivier terugnamen wat op hen veroverd was, en die laten zien hoe dit alles sprak tot de verbeelding van de mensen. Bizarre natuurverschijnselen als vurige bollen aan de hemel zouden soms een watersnood zijn voorafgegaan om aan te kondigen dat de Heer de mensen zou gaan straffen voor meestal wel met name genoemde wraakroepende zonden. Dat er volop kabeljauwen konden gevangen worden in de Utrechtse stadsgrachten als de zee erg ver het binnenland was binnengedrongen, zal best waar zijn. Evenals de honderden hazen best gevangen zullen zijn in de Betuwse bomen; ook in onze tijd worden de hazen op een wat lepe manier verschalkt als de rivier het winterbed betreedt en de dieren de laatste droge plekjes opzoeken. En ook uit de verslagen van de watersnoden uit de vorige eeuw kennen we de verhalen van mensen, die dagen achtereen rondgedreven hadden op een stuk dak of een ijsschots. De walvissen echter, die zouden zijn achtergebleven ver binnen de kusten, worden nog wel eens groter naarmate de verhalen in de kronieken elkaar opvolgen en dikwijls komt men daarin de zeemeermin tegen, die in 1403 bij een overstroming vanuit de zee in Edam aan land geworpen zou zijn. Soms blijkt die zeemeermin slechts enkele uren geleefd te hebben en te zijn overleden na een vrome biecht, waarom ze door vreemde geluiden had gevraagd. Dan weer blijkt ze lang genoeg geleefd te hebben om tussen de oude vrouwen spinnen te hebben geleerd.

De bekende Gelderse geschiedschrijver Arend van Slichtenhorst, die al evenmin zélf erbij is geweest, vertelt het allemaal als volgt: 'Van de Louw-maend des volgenden iaers tot aen het midden der Gras-maend zagh men glinsteren een Stert-gesternt naer 'twesten, een voor-looper van de stooten en iammeren die Vrankrijk en Nederland daer na zijn over-gekoemen; behalven dat 'er ongeschikte Walvissen door storm en onweder aan de Nederlandse kust zijn gestrand, ende by 't zacken van 't water aen land gehaeld. Deze ongedierten waeren meer dan 70 voeten langh, ende zoo groot dat men ze met ledders moeste beklimmen; de bloote buyk konde 12 arrebeyds-luyden verbergen. Op dat ick nu zwijge van de Meer-min, op den zelven stond wt de Zuyder-zee in de Purmer-end op-geworpen zynde op het lijf met mosch ende schubben bedeckt, ende van Edam naar Haerlem gevoerd, daer sy zoude geleert hebben menschen kost te eeten, een drollig en zuchtend geluyd gegeeven, ook onder de vrouwtiens gesponnen, ende, om dat sy het Kruys-beeld eer hadde beweesen, na haere dood een steede op het kerk-hof verdient'.

Onderzoek

Wie zich serieus wil verdiepen in de geschiedenis van de stormvloeden en rivieroverstromingen kan sinds enkele jaren beschikken over het resultaat van het diepgaand onderzoek van dr. M. K. Elisabeth Gottschalk, vastgelegd in een fors tweedelig standaardwerk. Zij raadpleegde authentieke bronnen, oorkonden en andere contemporaine stukken en vooral ook de oudere stadsrekeningen, waarin de uitgaven werden opgetekend, die in verband met overstromingen moesten worden gedaan. Zij beschreef (tot nu toe) in chronologische volgorde de periode tot 1600 en somt voor de 15 en 16e eeuw honderd jaartallen op, waarin de rivieren in ons land ergens – soms op vele plaatsen tegelijk – door de dijken gingen. Daarbij waren ruim dertig grote watersnoodrampen, waarbij niet zelden een groot aantal mensen om het leven kwam.

Opschrift

Het oudste authentieke stuk betreffende overstromingen in het rivierengebied is – aldus dr. Gottschalk – uit de jaren 1155-60. Uit een register van bezittingen van de abdij Deutz blijkt dat de hoeve Rijnwijk bij Wageningen is verwoest en het land niets meer opbrengt, omdat de streek ontvolkt is door overstromingen.
Uit een oorkonde van Frederik Barbarossa uit 1165 blijkt dat de bisschop van Utrecht en de graven van Holland, Gelre en Kleef zich tot de keizer hebben gericht om maatregelen te treffen voor het rivierengebied, dat door overstromingen wordt geteisterd en waarin veel mensen van hun bezittingen zijn beroofd. De keizer vond dat er een afwateringskanaal van Wageningen naar de Zuiderzee zou moeten worden gemaakt (dat er overigens nooit gekomen is) en schreef ook nog wat andere maatregelen voor, waaruit o.a. blijkt dat toen nog

via de Kromme Rijn water van Wijk bij Duurstede via Zwammerdam naar Katwijk stroomde.
In een oorkonde van de bisschop van Utrecht uit 1155, handelend over het graven van een nieuwe wetering tussen Haastrecht en Lopik en het leggen van een nieuwe sluis in de IJsseldijk, vinden we voor het eerst ook op schrift de 'heemraden' genoemd.
Hoewel de oude kronieken heel wat watersnoden opsommen uit de 13e en 14e eeuw, zijn er uit die tijd maar weinig echt betrouwbare gegevens waaraan de juistheid van al deze berichten kan worden getoetst. In de diagrammen van dr. Gottschalk zien we een plotselinge en vrij sterke toename van het aantal rivieroverstromingen in de tweede helft van de 14e eeuw, doch dat is ook een gevolg van het feit, dat er vanaf die tijd stadsrekeningen bewaard zijn gebleven met aantekeningen die bewijzen dat de rivieren in de opgenomen jaren buiten de oevers traden.
In de veel oudere rekeningen van het graafschap Gelre vinden we velerlei posten waaruit blijkt dat goederen niets opbrachten omdat ze onder wateroverlast hadden geleden, doch die aanwijzingen zijn minder concreet. Er zijn contemporaine stukken die b.v. duidelijk maken dat de Lekdijk bij Vreeswijk in 1321 en 1322 doorbrak en dat grote delen van Utrecht en Zuid-Holland onder water kwamen te staan. Dat er ook al in die 13e en 14e eeuw vaak wateroverlast is geweest, blijkt uit de vele stukken betreffende bedijkingsactiviteiten, geldleningen om gebroken dijken te herstellen e.d.
In de tweede helft van de 13e eeuw horen we over bedijkingen onder leiding van graaf Floris V o.a. in de Vijfheerenlanden en de Alblasserwaard en in de eerste helft van de 14e eeuw roept graaf Reinald van Gelre overal in zijn gebied waterschappen in het leven, die de dijkring moeten sluiten en – tot in onze dagen toe – de taak hadden die gesloten te houden. De Hollanders legden van Culemborg naar Asperen een forse dwarsdijk aan, de eeuwenlang zeer beruchte Diefdijk, die het Gelderse overstromingswater van de Hollandse landerijen moest keren. De wielen achter deze Diefdijk zijn er nu nog getuige van, dat ook deze dwarsdijk soms bezweek onder de druk van het water. Maar dat was dan niet het water in het winterbed van de rivier, maar het overstromingswater, dat ergens – soms tientallen kilometers oostwaarts – door de dijkring rond de Betuwe was gebarsten en nu meters hoog in de velden van Beesd en Culemborg stond.

Cronicon

In het stadsarchief van Tiel bevindt zich een 15e eeuwse kroniek, die erg interessant is in ons verband. De schrijver van deze kroniek, die rond 1450 moet zijn overleden, tekende in een prachtig regelmatig schrift en in een keurig, doch wat verdietst latijn, de gebeurtenissen van zijn tijd op. In het eerste deel van zijn kroniek verhaalt hij – zoals te doen gebruikelijk was – wat hij heeft horen zeggen en bij andere auteurs las, zodat het daarin geenszins

Rond Kerstmis 1740 braken de dijken door op verschillende plaatsen in het rivierengebied. De tekenaar Jan Smit bracht het overstroomde gebied aldus in kaart. Linksonder het dorp Dreumel.

om authentieke getuigenissen gaat. Maar als hij berichten optekent, o.a. over de watersnoden uit zijn eigen tijd, dan zijn het gebeurtenissen die hijzelf heeft meegemaakt. In deze Cronicon Tielense (die in 1789 al in druk werd uitgegeven door Joh. Diederik van Leeuwen) vinden we dus de eerste ooggetuigenverslagen van overstromingsrampen, die het rivierengebied teisterden.

In 1433 tekende deze auteur het volgende trieste verhaal op: ‘Anno Domini millesimo quadringentesimo tricesimo tercio, feria quarta post festum sancte Agathe virginis, erat tanta crescencia et ascensio aquarum in rivulis, scilicet in Walone, in Reno, et in Mozam quod meatus aquarum ab infra erant obstructi per aggregacionem et accumulacionem glacierum, ita quod in Huessen binis locis rupti sunt aggeres, Et aque Reni intrantes fluendo demerserunt totam Betuam, Causa autem ingentorum dampnorum et lamentacionis flebilis fuit hec, In principio rupture aggerum et fluxus aquarum erat intensissima congelacio cum vehementi flatu frigidissimi orientalis venti, ita quod aque fluendo ubique congelate sunt, quamobrem in quam pluribus planiciebus agrorum domus et structure submerse sunt, Et quia fluxus iste cum tam indicibili congelacione hominibus opinate et multum festine advenit, et propter congelacionem aque non habebant directum transitum in descensu inferiori, sed per congelacionem quasi obstructe ubique perstiterunt, ideo in quam pluribus domibus submersa sunt tam blada in magalibus, quam eciam animalia majora cum minimis, Eciam homines ascenderunt in tectis domorum, ubi sederunt desolati absque adjutorio cujuscunque, quum alias fuissent submersi, quia propter nimiam congelacionem nullus poterat degentibus subvenire, quia navigio nemo poterat uti, Homines eciam multi miserabiliter erant plagati, qui pro subsidio jumentorum nimium perseveraverunt in aquis, tandem postquam jumentis subsidium ferre poterant, ascenderunt super tecta et in altis domorum, ibi aliqui sedebant tribus diebus sine subsidio, Et sic aliqui defecerunt frigore, aliqui fame, qui mortui sunt, aliqui vivi ablati sunt, qui maximas de post sustinuerunt informitates. Qui ista copulavit et conscriptit, vidit istam flebilem miseriam, fuit eciam ad tempus, sed non diu, in hac miseriam, quia videns aquas primo per fluxum venire, festinavit quantocius cum suis ex domo sua ad altiora, et sic salvatus est, quum secunda die post fluxum erant aque in domo sua ad altitudinem sex pedum, vidit ergo omnem istam miseriam, vidit homines qui vivi ablati erant ex eorum domibus, qui ex nimio frigore taliter erant devicti, quod de eorum pedibus et manibus digiti en pedici putrefacte abscise sunt. Breviter, indicibilis ista miseria tanta erat, quod ignorantibus ad plenum non potest explicari'.

Dit oudste watersnood-verslag vertelt precies wat we in allerlei toonaarden en locaties in de jongere literatuur kunnen terugvinden – een standaardbeschrijving van een zichzelf herhalende historie. De winter was streng, zodat de rivieren dichtvroren en men met paarden bespannen wagens over de Waal

De doorbraak van de Waaldijk nabij Nijmegen in januari 1809. Een tekening van J. de Vletter.

en de Maas reed. Maar begin februari dooit het – misschien alleen bovenstrooms – , het water stijgt en het ijs gaat kruien. De rivier barst bij Huissen door de dijk en de Betuwe stroomt snel vol. Maar er blaast dan een koude oostelijke wind en het water, dat in het hooggelegen Tiel nog zes voet in het huis van de schrijver staat, is snel overdekt met ijsschotsen. Bij de doorbraak verdrinken mensen, maar nog meer komen er om van koude en honger op de daken van hun huizen, want door het ijs kunnen de schuiten niet uitvaren. Dagen later nog worden er bijna levenloze mensen met bevroren armen of benen van de huizen gehaald. Kortom, de ellende is zo groot dat die elke beschrijving tart.

Opnieuw

Enkele jaren achtereen laat de rivier de Betuwnaar kennelijk met rust, maar in 1437 is het, aldus de Tielse kroniek, opnieuw raak. In het voorjaar breekt de dijk tussen Tiel en IJzendoorn op drie plaatsen door tengevolge van de ijsopkropping in de rivier en in de maand december van dat jaar zien we aan weerszijden op de dijk de mannen tegenover elkaar staan. Op de dijk in IJzendoorn wordt dag en nacht gewerkt. Niet alleen mannen en jongens, ook vrouwen, grijsaards en kinderen werken op de dijk; de auteur van de Cronicon Tielense is er zélf bij. Op de kruin van de dijk wordt over een grote lengte een soort bekisting gemaakt met palen, planken en vlechtwerk van hout en tussen twee van dergelijke wanden in stampt men mest en modder aan. De vorst helpt een handje zodat een stevige bekisting bestaat, die het boven de kruin uitreikende water keert. Want dan breekt de dijk aan de overkant door, in Leeuwen, waardoor de Betuwe gered is.

Maar dat is voor korte tijd. Want op 14 januari 1438 breekt de dijk tussen Tiel en IJzendoorn op zeven plaatsen door. Veel mensen komen in benarde situaties terecht en zelfs bij de reddingspogingen met het schip ‘Sweenhals’ gaan mensenlevens verloren. De mannen uit Tiel en de omliggende dorpen worden bij klokkenslag opgeroepen om kaden te leggen achter de doorbraken en aldus te pogen het wintergraan te behouden. Het dijkbestuur besluit tussen Tiel en Ooy een nieuwe dijk wat verder landinwaarts te leggen, maar op 24 juni was het water weer zo hoog, zodat de in januari aangelegde kaden het begaven en het graan op de akkers toch nog werd verwoest.

Het spreekt vanzelf dat soortgelijke gebeurtenissen als hier door de Tielse kroniekschrijver werden opgetekend, ook elders in ons land moeten hebben plaatsgevonden, al zijn we daarover niet zo goed ingelicht. Maar ook de stadsrekeningen van Utrecht, Nijmegen, Deventer, Den Bosch e.a. bevatten op diverse jaartallen uitgavenposten waaruit blijkt dat de stadspoorten, die vaak een ‘coupure’ waren in de dijkring, dichtgemaakt moesten worden, dat het water van de rivier in de huizen van de binnenstad binnendrong, dat er schuiten ingezet moesten worden om de mensen buiten de stadswallen in veiligheid te brengen, dat arbeiders geleverd moesten worden om gaten in de dijken te

Als het water was gevallen... Aldus tekende Vinkeles tegen het eind van de 18e eeuw de situatie in Beusichem.

dichten of alle bakkers in touw waren om brood te bakken dat met bootjes naar de dorpen, waar de mensen op de zolders zaten, gebracht moest worden.
Dr. Gottschalk komt in haar studie tot de conclusie dat er perioden met betrekkelijk rustige rivieren of verhoogde activiteiten moeten zijn geweest, doch zij zet vraagtekens bij de transgressie-theorieën. Stormvloeden welke onze kusten teisterden, vielen lang niet altijd samen met verhoogde activiteiten van de rivieren. Vanaf de tijden waarin de geschreven bronnen beginnen te vloeien tot omstreeks 1600 heeft elke eeuw zijn zware stormvloeden gehad. Veeleer ziet het ernaar uit dat die stormvloeden over die hele periode vóór 1600 langzaam heviger werden om een hoogtepunt te bereiken in de 16e eeuw. Er zijn waarschijnlijk tijden geweest met aanmerkelijk strengere winters dan we thans kennen, maar of er wel een zekere regelmaat zit in een slingerbeweging, waardoor in de loop van de eeuwen perioden met stijgende waterstanden op de Noordzee en regressieperioden met minder stormvloeden en dijkdoorbraken elkaar zouden zijn opgevolgd, dient – aldus dr. Gottschalk – zeker nog nader onderzocht te worden.

Oorlogen

Ongetwijfeld heeft de toename van het aantal watersnoodrampen in de loop van de geschiedenis ook wel eens voor een belangrijk deel politieke oorzaken gehad. Regeerders waren vaak zozeer verstrikt in

allerlei oorlogshandelingen dat het oppertoezicht op de waterkeringen veel te wensen overliet. Door alle eeuwen heen hebben militaire gezagvoerders ook veelvuldig gebruik gemaakt van de mogelijkheden om het land te inunderen voor strategische doeleinden. Door het vlakke lage land onder water te zetten, kon men immers vaak steden isoleren, beschermen of onbereikbaar maken. Water was het meest effectieve middel om de vijandelijke soldaten uit de stellingen te jagen en inundaties konden soms een oprukkend leger tegenhouden. In alle oorlogen waarin ons land gewikkeld is geweest, is dan ook van dit middel gebruik gemaakt. Door het land onder water te zetten en de oogst te vernietigen, kon men in het verleden soms ook de landbouwer zodanig ruïneren, dat hij zijn belastingen (verponding, schatting e.d.) niet meer kon betalen. Vooral in de tachtigjarige oorlog zijn de dijken vaak met opzet doorgestoken door soldaten van beide partijen.
Er zijn talrijke berichten uit die tijd bewaard gebleven, waaruit blijkt dat bepaalde dijkvakken in het rivierengebied, dat zolang ook frontgebied was, jaren achtereen open bleven liggen, soms ook omdat de mensen die de dijk hadden moeten maken, naar de steden waren gevlucht. In de archivalia ontmoeten we na menige watersnoodramp deze 'dijkverlaters', mensen die óf naar het 'buitenland' of naar de steden van het platteland wegvluchtten om de hoge kosten van dijkherstel te ontgaan.

Ooggetuige

In de 16e eeuw zijn er volgens de onderzoekingen van dr. Gottschalk in elk geval vrij omvangrijke rivieroverstromingen geweest in 1505, 1511, 1523, 1524, 1527, 1529, 1530, 1538, 1542, 1552, 1565, 1570, 1571, 1573, 1584, 1587 en 1595. In de jaren 1509, 1530, 1532, 1552 en 1570 werd ons land geteisterd door zware stormvloeden vanuit de zee; de meest bekende daarvan, de Allerheiligenvloed van 1570, vergde duizenden mensenlevens.
In de maanden die volgden op deze grote nationale ramp, werd het riviergebied weer geteisterd door dijkdoorbraken en daarbij moet o.a. de nu zo bijzonder schilderachtige 'Wiel van Bassa' langs de Diefdijk zijn ontstaan. De Culemborgse wijnkoperszoon en latere burgemeester Gerard Vremdt maakte de Allerheiligenvloed mee op een schip nabij Antwerpen – 'den schipper, op sijn knyen leggende, badt dickwils met gevouwen handen om uyt peryckel te comen, ja het schip stont op sijn stuer gelijck een heyncxtpaert op sijn achterste been' – en telde in februari 1571 de dode koeien, die door het gat in de Diefdijk dreven. Hij bericht vanuit Culemborg: 'Anno XVc een ende tseventigh op den XIen February is den grooten vloet int lant van Culenborgh geweest, dat geen man sulcx beleeft en hadde, doordien de Leckendijck tot twee steden, d'een beneden Hussen ende de andere boven Heteren inne gebroken was; ende was den Waeldijck tot Bemmel ende Lent oock seer groot gescheurt alsoo dat den Aelstdijck het groot water niet wederstaen en mochte, want het seer haestelijck

op liep, ende men wist binnen Culenborgh smergens tot X ueren noch van geen vloet, maer tot XI ueren des snachts en cost men de Nieuwe stadt niet langer gaen anders dat men met paerden rijden ende schuyten te varen, ja in de Binnenste stadt en mocht men niet langer gaen in de huysinge van Peter Cool ende in de huysinge van Meus Lambertsz ende door de Achterstraet by het Susterenklooster lancx tot Mr. Gerrits huysinge toe, soo het in deselve straet ontrent twee voet diep was, oock worden de schuyten gemeert aen de stoep van Jan Vermur.
Voorts is den Dyfdijck den selven nacht lancx over geloopen ende een gat gescheurt in denselven dijck, daer den Cruythof plach te staen, twelck een nieu ghetimmert huys was, ende noch vier huysen daer besyden, die alle wech geloopen sijn; ende is bevonden als ick selver namaels van Heynderick Barentsz heb zien meten IX vademen diepte; ende alsoo noch int lant van Bueren ende Culenborgh groot ijs is geweest, heeft hetselve ijs huyseren, boomen, bergen, watermolens, oock beesten soms vijf, soms X, oock XVI met groot gewelt door 't selve gat ghedreven. Item die van Culenborgh verlooren op 't selve drie watermolens, die van Accoy twee, die van Reynoy een, die van Beest een, die van Tricht een, alsoo de schade niet en was te estimeren, maer men heeft noch int leege geweyt ende gehoeyt'.
Gerard Vremdt vermeldt aldus nog wat over hoogwater, dijkdoorbraken en ijsgang in 1573 en beschrijft hoe in 1587 oud en jong vier dagen lang een vergeefse strijd streden om de dijken te behouden. Het zou te ver gaan hem te citeren.
Een geheel ander authentiek handschrift van plm 1600 vertelt bijzonderheden over de watersnood van 1595: 'Item op Sonnendach den 23 Februarii anno viiftienhondert viiff ende tnegentich, alden still, was de Waellstroem dien dach gewassen een handt breet ende tusschen den Sonnendaeghse ende Maenendaeghse nacht was de Waellstroem gewassen vier voet hoich, alsoe dat de Waellstroem soe hocih worden, dat op Woensdach den 26 Februarii den diick tusschen het huys tot Leuwen ende het alde hoefft in Maes ende Waell doerbrack. Ende op Donderdach den 27 Februarii is den diick tott Bemmell in Overbetuwe oeck doergebroecken, alsoe dat vuell minschen ende beesten verdroncken, ende eender genaempt Jan Huyberts tott Elst verdroncken hem aff elff koey, eenen os, eenen driejarige vars, een peertt meet een vuellen ende noch waell 7 offt 8 ander hornbeesten, zoe cleyn als groott.
Ende op Sonnendacht den 3 Martii is den Rhiindiick tott Kesteren ende tott Ravensway oeck doergebrocken, alsoe datter een huys ende hoff met een steenen camer ende oeck bongaerden vergaen siin.
Ende op Dinxdach den 4 Martii is den Willemschen diick tott Echteltt oeck doergebroecken.
Ende op Woensdach den 5 Martii is den diick tott Vuern in Tielreweerdt ende den Aelsdiick beneden de stadt Bueren ende den Lingendiick tott Hoeckelom oeck doergebroecken.
Ende op Donredach den 6 Martii was de groote sprinckvloit, alsoe dattet tot Wadenoyen toe vloiden.

Ende op Vrydach den 7 Martii omtrent smiddaeghs ten elff uuren schoerden den dwarsdiick in Nederbetuwe oeck ter dryer steden doer.
Ende op Saterdach den 8 Martii is hett landt van Altenae tegen die stadt van Gorcum over des avents omtrent acht uuren doergebroecken, ende den Riindiick voer de stadt Schoenhoven is oeck doergebroecken, ende den Dieffdiick is tott vuelle plaetsen overgelopen, alsoe dan de Hollanders den vurg. Dieffdiick met gewelt nauwelix konden hauwen, dat hy nyett doer en schoerden.
Ende op Dinxdach den 18den Martii is den diick aen den Bant beneden de stadt Gorcom oeck doergebroecken, alsoe dat men onder de gemeynte sprack, datter egheen dycken tusschen de stadt van Coelen ende de stadt Dordrecht en waren, off zy siin overgelopen, geschoert offte doergebroecken etc.
Ick geve U. L. tbedencken, goede leser, wat groter schaden ende ellendt datter overall is ghewest'.

Republiek

Bij het beëindigen van de Tachtigjarige Oorlog – en voor grote delen van ons land eigenlijk al eerder: bij het ingaan van het Twaalfjarig Bestand in 1609 – begint een geheel nieuwe periode in de waterstaatsgeschiedenis van ons land. Er was nu een onbetwist gezag, het tijdperk van de dijkvernielingen door mensenhand was voorbij en de vrede maakte het mogelijk het land intensiever te gaan bebouwen ten behoeve van een groeiende bevolking. Er konden dan ook wat bestendiger werken uitgevoerd worden om de akkers te beschermen tegen het rivierwater. Rondom het Land van Maas en Waal b.v. is kort na 1600 de dijkring hersteld en opnieuw gesloten – een werk dat jaren vergde.
Maar de tijd van de Republiek der Verenigde Nederlanden was in dit opzicht toch bepaald geen tijd van vernieuwingen. Vooral op het gebied van het oude dijk- en waterrecht bleven de oude regels met alle consequenties gelden. Het onderhoud van de dijken was en bleef een taak van de belanghebbenden en de dijkbesturen – de 'ambten' zoals men ze noemde – behielden een welhaast volledige autonomie. Zelfs de Staten van Gelderland – het gewest toch dat het meest te lijden had van rivieroverstromingen – gelukten het niet een uniform waterstaatsrecht vast te stellen voor het gehele gewest; alleen in het Kwartier van Nijmegen werden in 1602 en 1640 algemene, voor de verschillende ambten geldende, dijk- en waterrechten vastgesteld, en die waren volledig op het aloude recht geënt. Slechts één voor geheel Gelre geldende bepaling betreffende de dijken kwam tot stand: een plakaat van 1751 bedreigt het doorsteken van dijken e.d. met de doodstraf. Die doodstraf werd overigens ook tevoren al wel eens opgelegd door de rechtbanken in de verschillende ambten als het ging om iemand die zich onttrokken had aan de plicht om in geval van

De overstroming van de Rijndijk in 1770. Een boekillustratie van Reinier Vinkeles.

nood mee te helpen de dijk te bewaken en te versterken.

Waterverdeling

Vooral de waterverdeling van de ons land binnenstromende Rijn heeft in de twee eeuwen van de republiek heel wat voeten in aarde gehad. In de loop van de 16e eeuw al had de Waal zich een steeds grotere hoeveelheid van dat water toegeëigend en daardoor was de boventoevoer van Nederrijn en IJssel steeds verder verzand. Arnhem en de IJsselsteden beklaagden zich vaak daarover op de Gelderse Landdag, doch die beschouwde een eventuele verbetering van deze situatie vooral als een landsbelang, omdat de rivieren van grote betekenis waren voor de landsverdediging. Holland, Utrecht en Overijssel zouden dus een deel moeten meebetalen, terwijl voorts steden als Nijmegen en Tiel zich verzetten tegen plannen om water van de Waal af te tappen. Want de rivier mocht dan het platteland vaak belagen; zij was sinds eeuwen toch ook de levensader van de handel. Ook toen werden de schepen al groter. Uiteindelijk benoemde de Staten-Generaal in 1670 een commissie, waarvan ook Christiaan Huygens deel uitmaakte, die tot taak kreeg een plan te maken voor de noodzakelijk geachte maatregelen. Ook daaruit kwam echter niets tot stand. Dat maatregelen geen overbodige luxe zouden zijn geweest, bleek plotseling op 16 juni 1672, toen het Franse leger dwars door de bovenmond van de Neder-Rijn heen ons land binnentrok.
Maar ook na deze Franse bezetting kon men het vooralsnog niet eens worden over een plan om een deel van het water van de Boven-Rijn af te leiden. Er was een tweede dreiging nodig om beweging in de zaak te krijgen. Toen Lodewijk XIV in het voorjaar van 1701 België binnentrok, werd er in de Staten-Generaal wat in paniek gewezen op de zwakste plaatsen in de verdedigingsgordel rond de republiek: de doorwaadbare bovenrivieren. In de daarop volgende jaren werd daarlangs een verschansing aangebracht en op 20 oktober 1706 werd het graven van het Pannerdens Kanaal aanbesteed.

Hollands hart

Door dat Pannerdens Kanaal kregen Nederrijn en IJssel inderdaad meer water – veel meer water vaak. De rivieren waren daardoor nu ook in de zomer bevaarbaar geworden, maar weldra zou blijken dat men nu de risico's van doorbraken – vooral van de Lekdijken – ernstig had vergroot.
In de eerste helft van de 18e eeuw werd ons land geteisterd door verschillende grote watersnoden en daarbij viel dan steeds sterk de aandacht op de Noorder-Lekdijk. Die dijk moest immers het hart van het rijke Holland beschermen: grote delen van de provincies Utrecht en Holland en de dichtst bewoonde gebieden van de republiek. Deze dijk werd dan ook extra versterkt en bewaakt en gelukkig – voor Utrecht en Holland althans – was het bijna steeds de

Professor Lulofs, de eerste inspecteur-generaal van de rivieren in Holland. Een prent van J. Houbraken uit 1749.

Het dorp Erichem overstroomt. Een tekening uit 1809 van C. van Hardenberg.

Zuider-Lekdijk die bezweek. Dat gebeurde b.v. op 12 maart 1744, toen de gehele Alblasserwaard en Vijfherenlanden overstroomden en in 1751 week het gevaar voor Utrecht onverwachts, toen de Noorder-Lekdijk reeds aan het bezwijken was onder de voeten van de hardwerkende mannen en plotseling de Marsdijk in Lienden doorbrak, waardoor de Betuwe volliep.
Professor Lulofs, de eerste inspecteur-generaal van de rivieren in Holland, maakte in 1754 een plan om een kanaal te graven langs de Diefdijk om daarmee de Lek zijdelings te ontlasten op de Linge. Maar zoals dat ging met zoveel plannen welke er in de 18e eeuw werden gemaakt, kon ook dit niet worden uitgevoerd door de grote tegenstelling in de belangen.
Er zijn in die 18e eeuw veel besprekingen geweest en plannen gemaakt om de situatie aan de boven-rivieren te verbeteren en soms ook poogde de stadhouder vergeefs de partijen bij elkaar te brengen. Maar in 1768 wierp ook de koning van Pruisen zich in de strijd. Hij dreigde de inwoners van de polders Huissen, Malburgen en Lijmers – die tot zijn gebied behoorden – te zullen toestaan hun dijken door te steken om aldus op Gelders gebied te lozen als de verenigde gewesten nu niet spoedig uitvoering zouden geven aan de conventie van 1745, waarbij werd bepaald dat er kribben en dijken zouden worden aangelegd om te bereiken dat niet méér dan een derde deel van het Rijnwater naar de Neder-Rijn en de IJssel zou stromen. Uiteindelijk zijn toen in de jaren 1777-1784 onder leiding van inspecteur-generaal Brunings de werken uitgevoerd, waaraan we de nog altijd bestaande waterverdeling danken.

Drie belangen

In de strijd om en tegen het rivierwater stonden in de dagen van de republiek drie partijen meestal diametraal tegenover elkaar.
De stadsbesturen, waarin de koopmansgilden altijd sterk vertegenwoordigd waren, zagen de langs hun wallen stromende rivier als de levensader van handel en nijverheid. Zij verlangden een bevaarbare rivier. En dat was nogal eens een groot probleem, toen de rivier nog zoveel breder was dan thans het geval is en het water zich bijna overal verdeelde over verschillende stroomgeulen, die 's zomers wel eens bijna konden droog vallen. De oude steden langs de rivier zijn allemaal ontstaan op door de natuur gevormde verhogingen, zodat de stad zelf geen gevaarlijke dijken had en er voor de burgers binnen de wallen bij overstromingen geen levensgevaar te duchten was. De stadsbesturen van de IJsselsteden, van Dordrecht, Tiel, Nijmegen, Gorcum, Arnhem e.d. ijverden dan ook meestal voor méér water in hun rivieren.
Voor de landjonkers – de grondbezitters van die tijd – en ook voor de pachters (die verantwoordelijk waren voor het dijkonderhoud e.d.) was de rivier echter slechts de gevreesde vijand, die steeds maar weer trachtte zijn kluisters te verbreken om de landen te overstromen. De dijkzorg drukte dus als een zware last op de grondexploitatie, zodat de 'ridderschappen' altijd ijverden voor minder water in de rivier. Ook al omdat de jonkers veelal op landaanwinst in de rivierbedding uit waren.
Degenen die door het aanleggen van kribben en dammen poogden land te winnen, speelden als derde partij een grote rol in de strijd om het water. Om de

Een tekening van de Waal tussen Over-Betuwe en de Ooypolder, in 1699 gemaakt door Nicolaes Geelkercken. De tekening werd gemaakt naar aanleiding van een proces, aangespannen door de heer van de Ooy, die stelde dat hij door de kribben in ritsen op de noordelijke rivieroever (rechts beneden) voortdurend land verspeelde.

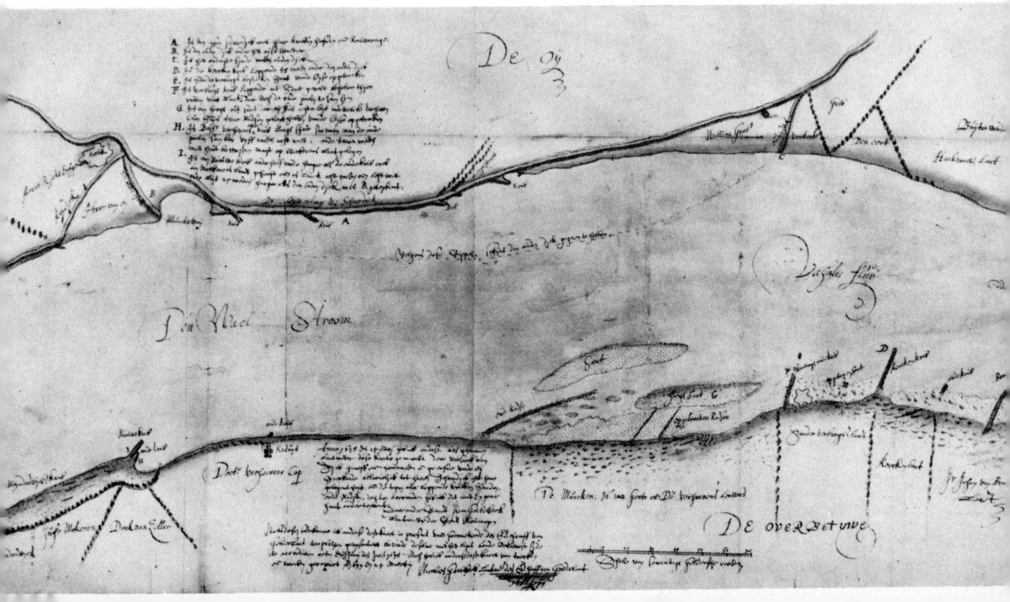

aanslibbing te bevorderen, werden de bij laag water opkomende zandruggen zo snel mogelijk met wilgenhout of een ander zeer snel groeiende houtsoort beplant. Die aanplant en de aldus ontstane grienden hinderden niet zelden de scheepvaart, maar veel gevaarlijker nog waren de opstoppingen die hierdoor werden veroorzaakt. In de winter belemmerden die grienden de ijsafvoer en daardoor bezweken b.v. in 1655, 1658 en 1663 de dijken van de Merwede. De dijkbestuurders riepen dan ook menigmaal de hulp van de Staten-Generaal in om 'tot verminderen van het pericul van inundatiën' houtgewassen uit de rivierbedding te laten opruimen en het leggen van dammen te beteugelen. Maar het waren over het algemeen invloedrijke heren, die kribben legden om grond te winnen en daardoor eventueel slechts de stroomopwaarts gelegen gebieden konden schaden. Zodat het tot 1748 duurde aleer er een placaat kwam, waarin o.a. werd bepaald 'dat niemand, wie hij ook soude moogen weesen, voortaan in 's Lands Rivieren, eenige Dam, Krib, Hoofd, of ander Werk, dat eengsins de Rivieren moet inspringen, sal moogen maaken of leggen, of ook Rijs of andere Ruigte, hoe genaamt, ten dien einde in de Rivieren steeken, sonder daan toe alvoorens te hebben versogt en verkreegen speciale permissie en authorisatie van haar Edele Groot Mog.'.

Registers

We zijn uiteraard over de 17e en 18e eeuw heel wat beter geïnformeerd dan over de jaren vóór en in de tachtigjarige oorlog. De waterschapsarchieven kunnen een stroom van authentieke gegevens leveren over allerlei waterstaatszaken en vanaf ongeveer 1650 zijn daarin de stukken vaak redelijk compleet. Er zitten daar heel wat ooggetuigenverslagen in van dijkdoorbraken en watersnoden. Ook de overlijdensregisters van de kerkelijke gemeenten in het rivierengebied leren ons dat er dikwijls mensen omkwamen als de dijken het begeven hadden. De predikanten of pastoors schreven vaak hele blaadjes vol in hun doodboeken. We hebben ook lange lijsten met namen van hen, die bij nacht en ontij werkten om te pogen met een bekisting op de dijk het wassende water te keren. Er zijn volop bestekken en rekeningen van het maken voor doorgebroken dijken, registers van dijkplichtigen en processtukken over dijkverlating.

De dijken werden in deze eeuwen nogal eens ten koste van grote offers verzwaard, doch één van de trieste gevolgen daarvan was, dat de watersnoden ernstiger werden en het land dieper onder water kwam te staan naarmate men de gebroken dijk hoger had gemaakt.

De informaties over deze tijd in de gedrukte kronieken, die vaak kort na en naar aanleiding van een watersnood werden gemaakt, zijn wat betrouwbaarder. Aan de hand van allerlei stukken zijn er aldus heel wat jaren op te sommen waarin het rivierengebied werd geteisterd door watersnood als gevolg van dijkdoorbraken: 1634, 1635, 1651, 1655, 1658, 1663, 1664, 1677, 1682, 1692, 1697, 1698, 1699, 1709, 1711, 1713, 1720, 1726, 1741, 1747, 1753,

Kruiend ijs voor de stadswallen van Gorcum in februari 1799. Een prent van J. C. Bensdorp.

1757, 1760, 1768, 1769, 1771, 1774, 1776, 1781, 1784, 1789, 1795 en 1799. Watersnoden zijn nu dikwijls 'landelijk nieuws' geworden; verslagen ervan worden afgedrukt in de kranten en in de deftige Nederlandsche Jaerboeken uit de 18e eeuw.

De toon is anders, maar er wordt hetzelfde verteld als al eeuwenlang steeds opnieuw verteld moest worden. Een journalist uit Tiel meldde b.v. in januari 1741 dat er met Kerstmis in Maas en Waal mensen en vee zijn verdronken en vervolgt dan: 'Dit was tusschen 24 en 25 December, wanneer het water dien nacht meer dan een voet zakte; hetgeen ons voor een doorbraak der Dijken deed vrezen, zo als men des namiddags gewaar wierd, zonder te weten waar: hier op raakte alles in allarm, en men zond boden uit om de menschen te waarschouwen; de doorbraken zijn geweest te Elden en Bemmel, omtrent 7 à 8 uuren boven deeze stad, daardoor wij het water aan de landzijde kregen, het geen met zulk een geweld over het land en kadijken der Stadsvesten in de gragt quam nederstorten, dat de Steene brug met wachthuis buiten de buursche poort over de gragt leggende, geheel wegspoelde; daar op wierd door de magistraat ordre gegeven, om alle aken en kleine vaartuigen over den dijk heen te werken, en daar mede in het land te vaaren, om de elendige landlieden te hulp te komen, dewelke de volgende dag in meenigten met de schuiten hier wierden gebragt. Het water kwam op verscheide plaatsen wel 5 voet hoger als Ao 1726. Het was erbarmlijk om te aanschouwen, hoe die arme menschen vluchten, met verlaating van vee en goed, dog veele zijn in de kerken en op de kerkhoven der dorpen, gered, daar hen dagelijks toevoer van levensmiddelen wierd gebragt:

Het ziet alles hier droevig uit, alzo deze stad, rontom als in een Zee staat. De meeste boeren zijn geruineert; want die hun Vee nog behouden hebben, ontbreeken voeder, dat door het water bedorven of weggespoeld is'.
En in 1776 begint een auteur met: 'Bedrukte Landlieden, moet ik opnieuw verbreider uwer ongelukken zijn? hoe klopt mij 't hart, zo dikwerf als ik uwe omstandigheden overweege, die benaauwt en bang waren; uw gekerm, in die bittere ogenblikken, doorsnijd nog mijn ziel; de moed ontzinkt mij, bij zoo veel treurtooneelen, waar van de gordijnen andermaal voor mij opgeschoven zijn'.
Indrukwekkend is ook het 'verslag' in de Jaerboeken van de watersnood in 1781: 'THIEL – Ten tyde der meeste verwarringe in 't grootste gevaer dezer Stadt, hoorde men van derzelver wallen, te midden door het donderend gerommel van het ijs en het gebulder van den wind, het akelige noodgelui der klokken te Wamel en Dreumel, vermengd met het schreeuwen en kermen der vlugtende inwooneren, bezig om zigzelven en hun vee op de dyken te bergen; maer, tot verzwaering hunner ellende, vonden zij dezelven door het water wel twee voet hoog overstroomd, en op zommige plaetsen reeds doorgebrooken, terwyl het water met een groot geweld over dezelven binnenwaerts stortt en alles met zig nam wat het in zynen aandrang ontmoette. Op de waghten vertrouwende had de menigte zig ter ruste begeven. Deze wagts nu, door de schielyken en nooit gehoorden aenwas des waters verbaesd, hadden nauwelyks tyd om hunnen mede-dorpelingen behoorlyk te waerschouwen. Met het licht hunner lantaernen en lampen, kon men hen raedeloos ginds en herwaerts zien loopen; en hun geroep van help! help!... help God... drong door de zielen der aenschouweren en hoorderen; terwijl niemant, geduurende den gantschen nagt en byna geduurende den volgende dag, over de rivier, door het ys konde komen, ter verkryging van enig bericht'.
Uiteindelijk heeft de correspondent echter kans gezien de Waal over te steken en dan beschrijft hij weer afschuwelijke dingen: overgebleven dijkstukken, bezaaid met halfnaakte en zieke mensen; honderden ronddrijvende kadavers van beesten; mensen die enkele dagen ronddreven op staldeuren; daken van huizen die tot op het water afbrandden omdat men getracht had zich op de zolder enige warmte te scheppen; vaders die trachtten te zwemmen met kinderen om de hals en een van die kinderen verloren; een vrouw die op haar bed werd gedood door een ijsschol; schuiten en veeraken die over de dijk werden gebracht en dagen achtereen in gebruik waren om mensen te redden, enz...

Straf

Er spreekt vaak een defaitisme uit de verslagen van die dagen. In februari 1757 had men kennelijk voor het eerst in de geschiedenis getracht het ijs op de rivier met buskruit te lijf te gaan. Men had geprobeerd een ijsdam te breken met een 'bom' doch vergeefs, want, aldus een schrijver, 'daar zijn geen middelen om die te verbreken al bragt men duizenden van kanons

De bekisting op de Kortedijk in Gorinchem is doorgebroken en de stedelingen proberen het gat te dichten. Een tekening van J. A. Langendijk uit 1809.

daarop en al waren die met bouten en ijzeren ketenen geladen en men schoot daarmede nacht en dag daerop, 't zou maar wezen: moeyte en kosten verloren'. Men beschouwde de overstromingsrampen meestal als een straf van God en er werd ijverig gezocht – bij voorkeur bij anderen – naar de menselijke euveldaden die zozeer Zijn toorn hadden opgewekt. Dikke boeken werden daarover vol geschreven. In 1741 b.v. verscheen in Arnhem een boek 'Gods regtveerdige gerigts-handel', waarvan een van de eerste zinnen luidt: 'Daar men thans in soo veel Steeden, Dorpen en Gehuchten van ons lieve Vaderlant, maar bijsonders in dat gedeelte deeser Provintie, dat tusschen de nabuirige Rivieren geleegen is, nagt en dag de alarmtrommel hoort slaan, den treurbasuyn ontsteeken, den noot-klok kleppen, een erbarmlijk geschreeuw van veele elendige lyders, die of met de vreese des doots, of met de alleruyterste rampspoeden worstelen, uyt bange boesems, en opgepropte keelen, losbersten, en door lucht en wolken heen breken; dewijl de waateren, de grote waateren der oovergestroomde Rivieren tot aan hunne lippen gekomen sijn, en hen de vloed der maaten overdekt heeft, dat sy naulyx aadem konnen scheppen in het uytspansel des Heemels, nog hunnes leevens seeker sijn van weegens de woede der Baren, die slag op slag teegen hen aandruysen, en door eenen geweldigen schok huys aan huys dreigen weg te spoelen, en menschen en beesten onder derselver puynhoopen te versmooren, soo dat veel genootsaakt sijn geworden, om hunnen woonplaatsen ylings te verlaaten, en met hun vee en tilbare goederen, so veel hunnen handen grijpen konden, naa de hoogte te vlieden, en in kerken of andere gestigten een veilige schuylplaats teegens den plasreegen en ooverstroomenden vloed te soeken'. Na deze volzin wordt – nog veel uitvoeriger – uiteengezet wat de oorzaken zijn van deze rampen: de ontzettende wandaden van de Pausen en van hen die 'met eene sop van Spinoza's uitbraaksel overgooten en daardoor geheel verpest sijn'.

Overdijken

Er is in de 18e eeuw ongetwijfeld sprake geweest van een sterk toegenomen belangstelling voor de waterstaatsproblematiek. In het laatste kwart van deze eeuw worden ook al – vooral in patriotse kringen – vraagtekens gezet bij het hele systeem.
Dit leidde er immers toe dat de door rivierdijken beschermde gebieden voortdurend poogden elkaar te 'overdijken'. Men trachtte zijn dijk steeds iets hoger te maken dan die aan de overzijde van de rivier, die dan bij wateropstopping misschien het eerst zou bezwijken. Ook dat hier landgenoten tegenover elkaar stonden, dat er kreten van vreugde opstegen als de dijk aan de overkant inderdaad bezweek, trok de aandacht.
Die moeten vaak geklonken hebben. Want in de vele jaren van de republiek is het dijkleger honderden malen opgeroepen. Er moest dan hard gewerkt worden op de kruin van de dijk. Vaak bij het licht van flakkerende kaarslantaarns of flambouwen. Dikwijls ook in barre kou, regen of hagel. Want dijkgevaar ging bijna altijd gepaard met barre weersomstandigheden. Op die dijk werden bekistingen gemaakt en uit de oude stukken blijkt dat daarvoor wel eens driehonderd of vierhonderd karren mest uit één dorp nodig waren. Als het water echter benedenwaarts door een ijsdam werd opgekeerd, dan wist men op de dijk dat het gevaar met elke minuut steeg en dat de rivier óf aan deze óf aan gene zijde uit zijn wanden zou barsten. Daarom volgde men ook met gespannen aandacht de verrichtingen aan de overzijde, waarvan men soms alleen de verlichting kon ontwaren. Als dan aan géne zijde angstkreten klonken en de klokken getrokken werden om de bewoners van de ongelukkige kerspels te waarschuwen dat er gered moest worden wat er nog gered kon worden, dan klonken er op de dijk aan déze zijde juichkreten en dan dankte men knielend de Heer. Want de rivier was 'erdoor' en het land was – voorlopig althans – gered.

19e eeuw

In de 19e eeuw is het aantal dijkdoorbraken in het rivierengebied – als gevolg van ingrijpende maatregelen die nog aan de orde zullen komen – langzaam maar zeker afgenomen. Doch niet dan nadat de bewoners van de ten opzichte van de rivierbodem steeds dieper zinkende polders eerst nog een zeer zware tol hadden betaald.

De laatste dijkdoorbraak in het rivierengebied: de doorbraak van de Maasdijk bij Overasselt rond de jaarwisseling 1925-1926. Naar een prentbriefkaart uit januari 1926.

In januari 1809 kwamen op de Waal enorme ijsmassa's in beweging die op diverse plaatsen de dijken vernielden. Alleen al in de Tielerwaard verdronken er toen 84 mensen en de Neder-Betuwe telde 34 doden. Het ijs richtte enorme schade aan. Duizenden huizen werden verwoest en in Opheusden b.v. werden alle boomkwekerijen vernield.
Voor het eerst in de geschiedenis had ons land toen een koning, die persoonlijk poolshoogte kwam nemen en dagenlang in het gebied was om te pogen zo mogelijk mee te helpen de nood te lenigen. Dat was Lodewijk Napoleon, die zelf in levensgevaar kwam toen hij in Dalem voor een doorbraakgat in de dijk stond en achter hem de dijk ook inzakte. Hij moest met een bootje van het dijkeilandje gehaald worden.
In de daaropvolgende jaren bleef het langs de rivieren rustiger dan het eeuwen tevoren was geweest en dat was waarschijnlijk het eerste gunstige effect van de normalisering van de rivier door de rijkswaterstaat. Maar in 1855 verdronken er mensen bij een dijkdoorbraak in Maas en Waal en in 1861 liepen de dijken van de Brabantse Maaskant over en overstroomden zowel de Bommelerwaard als het Land van Maas en Waal na dijkdoorbraken. In Leeuwen zakte de waarschijnlijk wat te steile dijk plotseling in elkaar en in dat dorp verdronken toen 37 mensen. In 1876 liep Den Bosch voor een groot deel onder water na een doorbraak in de Maasdijk en ook in 1880 en 1881 richtte de buiten zijn oevers tredende Maas veel schade aan in het Brabantse.
Ook in 1920 overstroomde de Maaskant en in 1926 ten slotte, toen de rivier de Waal de tot nu toe hoogste waterstanden van deze eeuw bereikte en ook de

MAART 1876
BIS DAT QUI CITO DAT
WATERSNOOD
WELDADIGHEID
MAART 1876
Uitgave van J.H. KNIJERUM te Gorinchem, ten voordeele der noodlijdenden

Maas zeer grote hoeveelheden water aanvoerde, brak de Maasdijk in Overasselt en liep het Land van Maas en Waal vol. De Maas ontlastte zich ook op Brabants gebied en ook de IJssel trad op enkele plaatsen buiten zijn oevers. Dat jaar 1926 was – tot nu toe – het laatste watersnoodjaar in het rivierengebied en daarom zijn de dijken langs de rivieren over het algemeen aangepast aan de waterstanden van dat jaar.

Taferelen uit de watersnood van 1876. Boven links de stoomboot Neptunes in Brakel en rechts de veerboot van Gorinchem die te hulp komt in Poederoyen. Voor de uit hun huizen gejaagde inwoners van Herwijnen zijn tenten opgeslagen.

4 Recht der sterksten

Het oude dijkrecht, dat zoveel eeuwen lang is toegepast, heeft ongetwijfeld geleid tot machtsmisbruik. Wie dijkgraaf of heemraad was, kon vrij gemakkelijk de landbouwers ten eigen voordele op zeer hoge kosten jagen of zelfs ruïneren. Natuurlijk zijn er heel wat bestuurders geweest, die dag en nacht en zonder op eigen voordeel uit te zijn, vochten voor de belangen van de streek. In het gelderse is wel eens een dijkgraaf verdronken bij het pogen om mensen te redden in watersnood. Maar heel duidelijk is anderzijds ook, dat het ontbreken van een centraal gezag heeft geleid tot gebruiken, die, gemeten naar de normen van onze tijd, gezien kunnen worden als uitbuiting en afpersing.
Uit de eigendomsregisters (de 'dijkcedullen') uit de 17e en 18e eeuw is b.v. na te gaan dat de onroerende goederen van 'dijkverlaters' vaak bij het bezit van de bestuurders werd gevoegd en dat deze bestuurders, die hun baantje soms gekocht hadden met geleend geld in betrekkelijk korte tijd tientallen hectaren land en verschillende hofsteden in eigendom wisten te verwerven. Wie zou willen oordelen over dit soort zaken, dient te bedenken dat de gehele maatschappelijke structuur toen zoveel anders was dan thans het geval is en dingen, waarover we ons thans verbazen, toen gezien werden als normale zakelijke transacties. Maar vast staat wel, dat het dijkrecht zoals het toen is toegepast, zijn stempel drukte op maatschappelijke verhoudingen tot in onze tijd toe.
Grondbezit was op het platteland de basis van macht. Wie dijkgraaf of heemraad wilde worden, moest altijd een bepaalde oppervlakte aan grond bezitten. Het bezitten van onroerend goed was ook voorwaarde om toegelaten te kunnen worden tot de 'ridderschappen', het exclusieve gezelschap van de landjonkers, waaruit op soms wat vreemde manieren alle functionarissen van enige importantie werden 'gekozen'. In de tijd van de republiek moest men – althans in het gelderse – behalve 'riddermatig' ook belijder zijn van de hervormde godsdienst om dijkgraaf of heemraad te kunnen zijn. De eisen van riddermatigheid enz. golden vaak ook voor de 'mindere baantjes' als dat van dijkschrijver (secretaris van het dijkbestuur), landmeter enz.

Belenen

Ongetwijfeld hebben de altijd in geldnood verkerende graven en hertogen van Gelderland de baantjes als die van dijkgraaf verkocht of verpacht. Ze beloofden soms in de dijk- of landbrieven de ambten van dijkgraaf niet meer te zullen 'belenen', maar er zijn stukken te vinden die aantonen dat een dergelijke belofte meestal niet, of althans niet lang, gehouden werd. Ook in later eeuwen, toen het benoemingsrecht b.v. de jure bij de Rekenkamer of bij de Stadhouder was, werd meestal de facto in de ridder-

De bewoners van het dorp vechten op de dijk tegen kruiend ijs, dat de bekisting dreigt te vernietigen. Een tekening van C. de Jonker uit 1799.

schappen onderling uitgemaakt wie er dijkgraaf en heemraden zouden worden. Via onderlinge afspraken (z.g. contracten) werden de functies in feite ook weer gekocht, waardoor het uiteraard kon gebeuren dat ze in handen kwamen van volstrekt ongeschikte mensen, die dan het werk door een ander lieten doen. In de authentieke stukken van de 17e en 18e eeuw ontmoeten we dan ook meestal slechts de substituut-dijkgraaf als er gevaar dreigt en de dijk gerepareerd moet worden.
De kosten van het dijkbestuur moesten achteraf bij de z.g. dijkzetting worden omgeslagen over de dijkplichtige landen. Volgens een oude regel diende dat te gebeuren in een openbare bijeenkomst en na het 'trekken van de klok', maar in de praktijk was de zetting, waarvoor men dikwijls drie dagen uittrok, slechts toegankelijk voor leden van het kleine exclusieve gezelschap van de ridderschap. Uit de stukken blijkt dat er dan vaak hoge presentiegelden en grote bedragen voor eten en vooral drinken ten laste van de dijkrekening kwamen. Men kan ook aantekeningen vinden waaruit blijkt dat het wel eens de openlijke opzet was de dijklasten kunstmatig hoog te houden om de grondprijzen te drukken. Dit om b.v. familieleden aan grond te kunnen helpen teneinde voor hen de deur te openen tot de ridderschap en bepaalde functies.

Beperking

Dat de toepassing van de oude dijkrechten al vroeg gepaard ging met machtsmisbruik in allerlei vormen, bewijzen ook de oude

dijkbrieven, die bijna altijd allerlei bepalingen bevatten, die meer met rechtsbeperking dan met rechtsvinding te maken hebben. Na de eerste dijkbrief van Maas en Waal b.v., die in 1321 werd uitgegeven, volgde er in 1328 een, waarin hertog Reinald belooft geen geld te zullen lenen op het 'dijcgraefscap' en verder o.a. zegt dat de dijkgraaf bij de schouw slechts één boete per persoon mag opleggen. Ruim een eeuw later, in 1443, gaf hertog Arnold een kloeke 'landtbrief' uit om 'onrechten ende ondoechden onder die voet te treden'. Daarin limiteert hij o.a. de bedragen waarvoor de dijkgraaf het maken van dijkvakken op kosten van de nalatigen mag aanbesteden en wordt o.a. gesteld dat ook andere grondbezitters dan de bestuurders als aannemer mogen optreden. De hertog begint met te beloven 'dat wij nu voertaen ghenen amptman noch ghenen dijckgreve tusschen Maeze ende Waell setten en sullen het en sij goet schyltboertighe mannen, die die ampten selver vueren, bewaeren ende regyeren sullen'. Maar de hertog heeft dan het ambt wel beleend aan een dijkgraaf, die het weer onderverhuurd heeft.
Nog feller trekt weer ongeveer een eeuw later – in 1532 – hertog Karel van leer als hij een einde wil maken aan 'wille, gewalt ende mennicherley verkortingh ende onbehoirlicke voirnemen den onse dagelix gescit', kortom praktijken waardoor de 'ondersaten' hun goederen ontnomen worden. De hertog wil geen 'snyckeldagen' ten laste van de rechtsgenoten meer en vindt dat men het best met drie schouwen zal kunnen doen inplaats van vier. De dijkgraven hebben, aldus de hertog, de onderdanen 'mercklich beswaert' met 'groete zware koste' en hij wil ook een einde maken aan de praktijken tijdens de dijkschouw waarbij de dijkgraaf 'tot verderfflicker ende onverwinnelicke scade onses ondersate te rugge te rijden plege' enz. Maar ook het gezag van deze laatste gelderse hertog was – toen zeker al – beperkter dan uit de stoere taal van deze landbrief afgeleid zou kunnen worden.

Vierlingh

Ook Arend van Slichtenhorst tekende het op: 'Dese dijk-rechten zijn in veele deelen zeer straf en ongenadigh, ende zulx tot des lands oorbaer en meerdere verzekeringh: hoewel men zomwijlen ook klaghten hoort, dat de Dijk-graven ofte door onverstand sich koemen te vergissen, ofte moedwillens hunne maght tot after-deel der onderdaenen te misbruycken'.
Maar een kroongetuige over de situatie in de 16e eeuw is toch wel de dijkgraaf-rentmeester Andries Vierlingh, die tussen 1576 en 1579 zijn 'Tractaet van Dyckagie' schreef. De auteur moet toen een bejaard man zijn geweest, die kon terugzien op een lang en zeer arbeidzaam leven, een man met grote ervaring en gezag, die grote watersnoden had meegemaakt en op vele plaatsen in ons land te hulp was geroepen om adviezen te geven en bedijkingen te leiden. Zijn helaas onvoltooid gebleven werk is één doorlopende aanklacht tegen de misbruiken van zijn tijd en een roep ook om een sterker centraal gezag. Een gezag dat Vierlingh verwacht van de Spaanse koning, die hij op zijn

oude dag ook best de les durft lezen: 'De Mat. en salt mijnen grijsen baert niet qualijcken affnemen, daffectie die ick hebbe doet mij stoutelijcken uuijtseggen: De voormelte Mat. doet verhueren den meeste biedende de dijckgraeffschap'. Daardoor komen er dijkgraven uit België of elders van de zandgronden, die van dijken leggen, net zo veel verstand hebben 'als een soch van met lepelen t eten'.

Men werd dijkgraaf, zo vertelt Vierlingh, door veel geld te betalen voor het baantje, door invloedrijke personen met geschenken te overladen of dochters uit te huwen. En dat terwijl juist dit ambt zoveel kennis van zaken verlangt. 'Landt te maecken behoort Godt alleen toe, die sommige menschen begraciet met zijn godlijcke gave ende het verstant ende cracht te geven dat te achtervolgenne ende effectuëren; daer gaet sin ende grooten arbeijt thoe ende alle man en can op dat dack niet wel kaetsen'. De dijkgraven zijn nu vaak trotse en uiterst eigenwijze lieden, die op onverstandige wijze met geld smijten van een ander en het land ten onder richten. Lieden met 'muijlen, nachttabbaerten ende welgebonte rocken', terwijl het ambt mannen vereist met grote ervaring: 'luyden die de vette leersen aen been ende den arbeijt verdragen mogen'.

Ze zijn er vaak op uit, aldus Vierlingh, om zich zo snel mogelijk rijk te stelen door de vlijtige landbouwer op hoge kosten te jagen en zijn land af te nemen zonder dat zij, die dijkgraven, daarvoor iets hoeven te betalen. 'De bouverijen ende eterijen van de dijckgraven worden dickwijls sulcx daarinnen gepleecht dat ghij wesende een rijck man een arm man worden meucht onder het dexelle van dijckrecht'. Het zijn vaak 'subtijle dieven', die dijkgraven, die zogenaamde kosten, waarvoor ze een valse kwitantie hebben gekregen, drie of viervoudig terugvorderen en aldus 'winnen zijlieden het lant ende hoeven met hoopen, daar zijlijeden noijt gelt voor gegeven en hebben'.

Als het land in gevaar is, ziet men deze dijkgraven niet. Vierlingh moet het op zijn oude dag met grote ergernis neergeschreven hebben: de dijkgraaf blijft dan soms 'liggende achter zijn wijffs neers'. 'Sijluijden zijn te zeer het gemack gewent, groote dachgelden weten zij wel te rekenen maer dat en bringht geen zooden aen den dijck, sij moesten mede huere pooten nat maecken ende de vette leersen aentrecken soo verre zij gespleten zijn, ende soo eenen geheelen dach gaen de lenden trecken deur dick ende dun'.

Vrijdom

Ernstig bezwaar heeft Vierlingh tegen de 'vroonen', goederen in het bezit van adellijke lieden die erin geslaagd zijn vrijstelling te hebben van de op de andere landerijen rustende verplichting mee te betalen in het onderhoud van de dijk. Hij moet dan ook de visie onderschreven hebben van Alva, die vond dat iedereen de tiende penning moest betalen. Van Slichtenhorst vertelt hoe de ijzeren hertog een eind wilde maken aan die vrijdommen, toen er na de Allerheiligenvloed van 1570 een forse dijk gelegd moest worden langs de kust van Friesland. Hij vond dat iedere belanghebbende

daaraan meebetalen moest – óf met geld óf met arbeid.
Maar er waren nogal wat edellieden die vrijstellingen meenden te hebben, totdat Alva besliste: 'dat sy hunne vrybrieven zouden voor den dagh haelen, ende teghen den oever van de zee legghen wanneer die meest hollend en verbolghen was; ende, zoo de brieven nu de baeren konden af-weeren en weder-staen, vrydom genieten, ofte anders neffens de andere gelijkelijken moeten toelegghen'.

Dijkleger

Andries Vierling komt in zijn werk vaak op voor de landbouwer die zo vaak het slachtoffer is van machtsmisbruik en onkunde, maar heeft over het algemeen niet veel waardering voor aannemers en dijkwerkers. Zeker, hij weet goede dijkwerkers te zitten en hij verhaalt ook hoe dijkwerkers soms overleden aan een ziekte die ze hadden opgelopen toen zij bij nacht en ontij zich in het zweet moesten werken. Maar de aannemers zijn vaak 'arme calissen', die proberen zo snel mogelijk een voorschot te krijgen en dat opmaken met 'droncken drincken, hoereren, tuijsschen, dobbelen ende spelen'. Dezulken werken met allerlei schelmen en rabauwen, die ten laste van de dijkgenoten forse daggelden in rekening brengen, zonder werk te verzetten. Vierlingh weet daarvoor wel een remedie: 'want met gelt en compt er geen aerde aen den dijck, maer op de quaetwillighen justitie doende ende twee oft drije metten eersten ophangende soude dander wel gedwee als lammerkens gaen wercken ende heur aengenomen wercken volbrengen ende opmaecken'.
Wat gold voor de polderjongens die in daggeld dijken legden, kan tot op zekere hoogte wellicht ook gezegd worden van de ingelanden, die bij klokkenslag op de dijk geroepen werden om zonder betaling aan de dijk te werken. Vanouds stonden zeer zware straffen op het weigeren gehoor te geven aan de roep van de torenklok en er kon ook strenge tucht worden uitgeoefend tijdens het werk. In het westen van het land hadden de dijkgraaf en de heemraden knotsen met pennen erdoor om hen, die van de dijk trachtten weg te lopen, er van langs te geven. In het begin van de 17e eeuw diende voor het Hof in Arnhem een rechtszaak in hoger beroep tegen het vonnis van een dijkgraaf-ambtmanrichter, die een landbouwer ter dood veroordeeld had omdat hij op de dijk bevelen van de dijkstoel had weerstaan, nadat de dijkgraaf hem slapende zou hebben aangetroffen en bevolen had te gaan werken. De landbouwer verweert zich dan met de mededeling dat hij niet werken kon, omdat de dijkgraaf hem een oog had uitgeslagen met een knuppel van een doornenstruik...
Het optreden van het dijkleger wordt in stukken meestal heel wat heroïscher beschreven dan Vierlingh deed. Mannen die bij het slechtst denkbare weer etmalen achtereen werkten totdat ze erbij neervielen, vrouwen en kinderen die meehielpen niet slechts door het aandragen van voedsel, maar ook door het laden van de mestwagens en het aanpunten van de palen – harde arbeid om het land te bewaren. Maar ook in de geschiedenis is niet alles wit noch zwart. Zo is

Doorbraak van de Arkelsedam bij Gorinchem in januari 1820. Een prent van R. v. d. Meulen.

b.v. aangetekend dat in de nacht van 15 op 16 maart 1876 het dijkleger tussen Maasbommel en Alphen deserteerde toen het gevaar groot was. De landbouwers zagen de situatie hopeloos in; zij dachten dat de dijk elk ogenblik kon breken of elders misschien al gebroken was, zodat ze zich huiswaarts spoedden om te pogen hun gezinnen en vee in veiligheid te brengen. Maar er werden infanteristen uit Den Bosch op de dijk gezet, die het werk overnamen en de dijk redden.

Beginsel

Er veranderde maar weinig in de eeuwen die volgden op de tachtigjarige oorlog, waarin Andries Vierlingh zijn aanklachten neerschreef tegen de misbruiken van zijn tijd. Er kwam geen sterk centraal gezag en in de dagen van de republiek bleven de verhoudingen gebaseerd op het aloude beginsel: 'wie het water deert, kere het'. Omdat de bestuurders van die tijd bijna altijd grote persoonlijke belangen hadden bij het instandhouden van het oude systeem, lukte het niet of nauwelijks tot nieuwere rechtssystemen te komen, gebaseerd op het dragen van elkanders lasten.
Pogingen om wijzigingen te brengen in het systeem gingen kennelijk wel eens uit van de oudste gemeenschappen – de kerspels – die daarbij wel eens gesteund werden door de stadsbestuurders. Aanvankelijk ging het daarbij

slechts om het recht van elk der kerspelgenoten of familieleden om als aannemer op te treden, als binnen het dorpsterritorium een van de dijkgeslaagden nalatig was gebleven. Aldus zou men immers de kosten kunnen beperken die uiteindelijk op de schouders van een van de dorpsgenoten of familieleden zouden terechtkomen. Maar hoewel er in de dijkbrieven nogal eens voorgeschreven is dat iedereen als aannemer mocht optreden en het werk gegund moest worden aan de laagste inschrijver, zien we in de stukken nogal eens dat de dijkgraaf ogenschijnlijk op wat willekeurige wijze bepaalt wie het werk moet uitvoeren.
Een tweede stap was het pogen toegestaan te krijgen dat het kerspelbestuur zélf, i.c. de beide 'buurmeesters', die daarvoor dan de machtiging moesten hebben van de 'geërfdenvergadering', de dijkplicht zou overnemen van een nalatige dorpsgenoot. Deze eerste stap tot het 'gemeen maken' van de dijken heeft heel wat voeten in aarde gehad. In de staten-vergadering, die een zo principiële wijziging van het oude recht moest goedkeuren, verzette de ridderschap (in de praktijk de dijkbestuurders) zich fel en in de geërfdenvergadering spraken niet zelden dezelfde grondbezitters hun veto uit tegen elk pogen de dijkplicht van individuele schouders te halen. Vooral in Gelre handhaafde men de oude gebruiken waar dat enigszins mogelijk was. Hertog Karel had al in 1520 het kerspel Gameren het recht gegeven zijn dijken gemeen te maken en van 1611 wisten de geërfden van de Arkemeen eveneens gedaan te krijgen dat het onderhoud van de dijken werd aanbesteed en de kosten over de geërfden werden omgeslagen. Maar deze 'nieuwigheid' werd fel bekritiseerd. In de nadagen van de republiek kregen enkele gelderse kerspellen uiteindelijk eveneens het recht hun dijken gemeen te maken. Bij de schouwen gingen de buurmeesters dan aan de kerspelgrens op de dijk staan om te loven, waarna dan b.v. de geërfden bij klokkenslag opgeroepen konden worden om hun dijken gezamenlijk te maken. Maar dit bleven uitzonderingen. Tijdens de republiek werd soms zelfs de klok fors teruggezet. Toen al vrij algemeen de regel gold dat na een dijkdoorbraak het gat gedicht diende te worden voor gemeenschappelijke rekening, werd voor de Tielerwaard in 1683 nog vastgesteld dat in het vervolg dijkbreuken van minder dan zes voet diepte door de individuele dijkgeslaagden dienden te worden gerepareerd. En nog in 1870 zelfs pleit een deskundige er in een dissertatie voor het dijkonderhoud op de schouders van de individuen te laten. Want 'de landman heeft meer zweet dan geld te bieden'.

Reglement

De aloude strijd tussen de grondbezitters, die belang hadden bij het handhaven van de oude regels en b.v. het tornen aan een al eeuwen bestaande vrijdom van dijkplicht zagen als een flagrante schending van een eenmaal verkregen recht, en degenen die (als Thorbecke b.v.) het dijkrecht zagen als een publiekrecht, zodat de overheid de macht om de lasten van dijken en water rechtvaardiger te verdelen, heeft zich na de vorming van het Koninkrijk der Nederlanden nog tientallen jaren voortgesleept in de provinciale staten van Gelderland. Zelfs Thorbecke, toen nog hoogleraar in Leiden, wierp zich in deze strijd om het 'rivierpolderreglement' en de gemoederen laaiden zo hoog op dat de bekende staatsman, toen hij regeringsleider was geworden, in Arnhem uiterst koel werd ontvangen. Maar als minister van Binnenlandse zaken liet Thorbecke toen vrij kort daarna de commissaris van de koning – een typische representant van de ridderschap die zich zo fel tegen het invoeren van nieuwe waterstaatsregels had verzet – naar huis sturen; de enige maal in de geschiedenis dat een dergelijke functionaris anders dan op eigen verzoek is ontslagen.

Grondbezit

Het ontbreken van een centraal gezag, de toepassing van het oude dijkrecht en de vele watersnoden waren van grote invloed op de maatschappelijke verhoudingen in het rivierengebied. De toepassing van het harde dijkrecht had een vrij sterke concentratie van grondbezit in handen van bepaalde families – de bestuurders uit die tijd – tot gevolg. Toen die grondbezitters nog in de streek zélf woonden, was er dikwijls een goede sociale relatie tussen grondeigenaar en grondgebruiker – familie-archieven geven daarvan soms treffende voorbeelden. Maar vooral in de 18e en de eerste helft van de 19e eeuw ontvluchtten vele grondeigenaren de streek, die voortdurend door water werd bedreigd, naar de zoveel meer comfort biedende steden. De adellijke huizen, waarvan er in de vorige eeuw heel wat werden gesloopt, werden hoogstens in de zomermaanden nog bewoond en het feitelijk beheer van de landerijen werd overgelaten aan een rentmeester.
Aldus werd niet alleen de afstand tussen bestuurder en bestuurden groter, vooral de verhouding tussen grondeigenaar en grondgebruiker verkilde en daardoor groeide in het rivierengebied een pachtsysteem, waardoor zowel de landbouwer als de grond waarop hij werkte, ernstig werden uitgebuit. Rentmeesters gingen er steeds meer toe over de gronden jaarlijks, of zelfs twee of driemaal per jaar te verpachten aan de meest biedende. Omdat er buiten de landbouw nauwelijks andere bestaansbronnen waren en veler bestaan als landbouwer afhankelijk was van de mogelijkheid om in het voorjaar een stuk weiland te pachten, werden zeer hoge pachten betaald. Omdat ook niemand zeker wist zijn land volgend jaar weer opnieuw te kunnen gebruiken, werd ook zelden gemest. Het systeem maakte de landbouwers tot elkanders rivalen en versterkte het individualisme.
Ernstiger nog dan de zorg de rivier buiten de polder te houden, was dikwijls het probleem van de waterlossing: de zorg om het overstromingswater, het overtollige regenwater en het onder de dijk door kwellende rivierwater van de landerijen te krijgen. Binnen elke dijksring is verhang. Elke kerspel – later de dorpspolder genoemd – had daarin zijn eigen kaden en dammen en voor de waterafvoer was (en is) men altijd afhankelijk van gemeenschappelijke wete-

ringen, waarvan de afvoercapaciteit met stuwen en sluisjes over de verschillende gebieden moest worden verdeeld.

Die capaciteit was echter te enen male onvoldoende, zodat grote stukken land elk jaar maandenlang blank stonden. Het systeem had tot gevolg dat men het binnenstromen van teveel water in het kerspelgebied kon wijten aan de 'bovenburen' en de 'benedenburen' die de schuld kregen als overtollig water niet snel genoeg kon weglopen. Er waren dus eindeloze geschillen en veel vijandelijkheden; men moest soms maandenlang 's nachts wacht lopen op de kaden omdat die anders werden doorgestoken, en soms gingen de landbouwers elkaar met gereedschappen te lijf op de kaden tussen twee kerspels.

Toen in de dertiger jaren van onze eeuw en vooral na de Tweede Wereldoorlog het rivierengebied in de belangstelling kwam van onderzoekers, cultuurtechnici en bestuurders, vielen er vier zaken op. Het 'uitwonend grondbezit' was veel groter dan waar ook in ons land. Er waren relatief veel kleine boeren en het inkomen per hoofd van de bevolking was het laagst van Nederland. Men betaalde hier pachten, die vaak een veelvoud waren van wat elders in ons land voor vergelijkbare grond betaald werd. En er was zoveel rivaliteit tussen de dorpen, zodat een bestuurder die veel kennis van zaken had, in het begin van de zestiger jaren uitriep: naijver tussen de dorpen is de gesel van het rivierengebied. Verschijnselen die een gemeenschappelijke bron moeten hebben gehad: de toepassing van het beginsel 'wie het water deert, kere het'.

De tijd heeft al vele wonden geheeld. De pachtwet maakte een eind aan de jaarlijkse verpachtingen en er is al weer lang een ontwikkeling aan de gang in de richting van een decentralisatie van het grondbezit. Er kwamen nieuwe welvaartsbronnen, een verbeterde ontwatering, honderden nieuwe boerderijen, ruilverkaveling en nieuwe wegen. En nog veel meer nieuwe mensen.

Maar de herinneringen zijn (voor een deel) bewaard gebleven. Wielen en kolken langs de dijken en nog vrij veel voormalige keuterboerderijtjes, half verscholen in het dijklichaam. Verstilde schoonheid, maar vooral ook herinneringen aan barre tijden en een bijna onmenselijke strijd van mensen tegen water, maar ook van mensen tegen mensen.

5 Slechten of verhogen?

Het zou te ver voeren de geboorte van de rijkswaterstaat anders dan zeer globaal te schetsen. Vooral in de tweede helft van de 18e eeuw was er, door de sterk toegenomen belangstelling voor de problematiek van onze grote rivieren, al een roep om een centraal gezag in waterstaatszaken, maar daarvan kon pas sprake zijn nadat in 1794-95 met behulp van franse legers een geheel nieuw bewind was gevormd. In de z.g. franse tijd die volgde, wisselden de besturen elkaar te snel af om een werkelijk effectief beleid te kunnen voeren, doch toen is niettemin de basis gelegd van het centrale waterstaatsbeheer, dat tot in onze tijd is blijven bestaan. Want hoewel zijn wegbereiders hadden beloofd dat de oude tijden weerom zouden keren, nam koning Willem I de gehele waterstaatsorganisatie van het vorige bewind over, samen met de bekwame functionarissen, die ook deze tijd had voortgebracht. Hij maakte daarvan zijn rijkswaterstaat – de staat in de staat, zoals wel wordt gezegd.
Die rijkswaterstaat moest in de eerste helft van de vorige eeuw voor wat het rivierbeheer aangaat, kiezen uit twee alternatieven: dijken slechten of dijken verhogen.
Al jaren tevoren had de bekwame 'waterbouwkundige' van Velsen in een gezaghebbende verhandeling zijn toorn tegen de dijkbouwers wereldkundig gemaakt. 'Ze hebben hun land als in kelders afgesloten en moeten nu het water al met twee hoogmolens opmalen om het in de rivier als op een zolder brengen'. Een klacht tegen het wezen van de bedijking, die we b.v. al in 1700 ontmoeten in stukken van het kapittel van Xanten: door de bedijking wordt de bedding van de rivier steeds hoger, terwijl de door dijken beschermde grond daartegenover steeds lager komt te liggen, het water in de kommen blijft staan en de grond steeds minder zal opleveren.

Op stelten

Onder de indruk ook van de ernstige watersnoodrampen trok het probleem tientallen jaren lang grote aandacht. Bekende vaderlandse publicisten geven hun visie. Willem Bilderdijk riep uit: 'Gelukkig Holland, zoo men nooit gegraven en zelfs nooit gedijkt had! We zouden thans boven de rivieren wonen, die het land doorsnijden moesten maar er nu over heen loopen in gemaakte goten, wier bodem steeds verhoogt door de vallende slib, en die dus hoe langer hoe meer boven het land rijzen en in kracht en gewelddadigheid hunnen dijken overmeesteren: terwijl men haar nog bovendien door de droogmaking van meeren, de noodige boezems onttrokken heeft, om zich bij voorkomende opzetting van boven, te kunnen ontlasten zonder hunnen boorden te verwoesten. Men zegt dat de Nederlandsers hun land

geschapen hebben en dit klinkt zeer fraai; maar de waarheid der zaak is, dat God het hun toebereidde, doch hun ongeduld Hem willende voorkomen, het op eene allervernuftigste wijze bedorven hebben, om er eindelijk mee te verzinken'.
Multatuli sprak van 'de rivier op stelten' en in een van de vele brochures over deze zaak concludeert een auteur uit het rivierengebied: 'Door mensenhanden is het rivierenland bedorven, het binnenland krijgt geen jaarlijkse mest meer en is herschapen in verzamelplaatsen van kwelwater. Het stelsel van indijken is en blijft een tegennatuurlijk, een hoogst gevaarlijk, een buitengewoon kostbaar en een op den duur niet houdbaar stelsel'.
Het defaitisme ten aanzien van het bedijkingsstelsel werd nog in de hand gewerkt, doordat men de dijken langs de rivieren vaak ook te steil maakte. Er werd soms aan de rivierkant een smalle kade bovenop gezet – een soort permanente noodbekisting dus. Maar dergelijke dijken begaven het soms lang vooraleer het water de kruin had bereikt en elke doorbraak versterkte de roep om dijken te slechten.

Van de baan

Lang heeft het ernaar uitgezien dat de tegenstanders van bedijking in het gelijk zouden worden gesteld. Inspecteur-generaal Jan Blanken schreef in 1823 in zijn 'Memorie over de staat der rivieren' dat het leggen van dijken op doorlatende kwelgronden in feite een onbegonnen werk was en zijn opvolger Goudriaan ried in hetzelfde jaar aan de dijken alvast op bepaalde plaatsen wat te verlagen, zodat bij hoog water deze overlaten konden gaan functioneren om daarmee het gevaar voor onverwachte dijkdoorbraken af te wenden. In het rivierengebied werden er in deze tijd al op verschillende plaatsen vluchtheuvels aangelegd.
Maar het bleek welhaast onmogelijk geschikte plaatsen aan te wijzen voor overlaten, omdat men moeilijk tevoren kon voorspellen waar zich ijsdammen zouden vormen. Daarenboven ontstond er overal verzet als een bepaald gebied dreigde aangewezen te worden om aan min of meer moedwillige overstromingen te worden blootgesteld.
Door het vernauwen van de rivier en het opruimen van allerlei obstakels had men ondertussen goede resultaten bereikt in de strijd tegen de vorming van ijsdammen. Langzaam maar zeker raakten daardoor de plannen om de dijken te slechten van de baan en kort na de grote watersnood van 1861 werd dan ook definitief besloten de rivier verder te normaliseren. Op 1 februari 1861 vertrok toen vanuit een van de Rotterdamse havens de 'ijzeren stoomboot' Brouwershaven om te pogen van onderop de ijsdam bij Vuren te gaan breken, die forse overstromingen had veroorzaakt. De onderneming werd met grote spanning gevolgd en de opvarenden werden als helden vereerd. De boot bikte slechts kleine stukjes uit het ijsvlak, maar op zaterdag 9 februari kwam er toch beweging in de ijsmassa, waarschijnlijk ook wel mede doordat de kracht ervan

door de techniek was aangetast.
Sindsdien zijn er steeds groter en sterker boten gebouwd en zodra er nu ijsvorming dreigt op de rivieren, varen er vanuit Rotterdam of Dordt driftige ijsbrekers stroomopwaarts om de beweging in het ijs te houden. De spoorbrug bij Bommel b.v. met zijn peilers in de Waal is dan een van de strategische punten, waarop de aandacht van de waterstaat zich concentreert. Als daar dan het ijs zich vastzet, wordt de harde korst van onderop met vier of zes boten tegelijk aangevallen. Zo nodig wordt er dan dag en nacht gewerkt en wie de koude wil trotseren, kan dan getuige zijn van een boeiend schouwspel. De boten die steeds weer achteruit varen om een aanloopje te nemen teneinde met volle kracht hun spitse stalen neus in het ijs te kunnen drukken. Soms loopt de boot er desondanks niet verder dan een enkele meter in, maar meestal worden er bij elke stoot toch wel wat vierkante meters losgepeuterd, die dan onmiddellijk met het onder de ijsvlakte door kolkende water zeewaarts drijven.
Grote en indrukwekkende werken zijn er opgetekend in de annalen van 's konings waterstaat, werken waardoor het land meer bewaard werd dan in alle voorgaande eeuwen mogelijk was. Door het leggen van kribben en strekdammen werd de rivier overal even breed gemaakt en ging de stroom de bodem uitschuren. Daarmee kwam een eind aan het proces van rivierbedverhoging, dat overigens ook lang niet zo snel ging als men zich kort na 1800 voorstelde. De Nieuwe Merwede werd door het werk van mensenhanden een belangrijke waterweg, de Maas en de Waal werden van elkaar gescheiden en de Maasmonding werd verlegd. Er werden bruggen gelegd over de rivier heen. Grote werken, die tot ver over de landsgrenzen belangstelling en bewondering oogstten.
De dijken zijn belangrijk verhoogd sinds menigeen ze geheel wilde slechten.
Maar zekerheid kan de rijkswaterstaat de bewoners van de lage landen geenszins bieden. Jaren achtereen golden de hoogwaterstanden van maart 1876 als de hoogst bekende uit de geschiedenis. Maar in januari 1883 kwam het water hoger en die stand van 1883 werd in januari 1920 op de Waal weer overschreden. Januari 1926 was een nieuw recordjaar. Dat was de hoogste rivierwaterstand tot nu toe. Niemand weet voor hoelang.

6 Geschonden schoonheid

Als we de inundaties tijdens de Tweede Wereldoorlog, als gevolg van het opzettelijk doorsteken van de dijken, buiten beschouwing laten, dan is er in het rivierengebied sinds 1926 geen overstromingsramp meer geweest. Een mensenleven bijna hielden de dijken stand en bleef de bevolking gevrijwaard van de rampspoed, die zoveel eeuwen zijn stempel had gedrukt op de samenleving. Ingrijpende wijzigingen voltrokken zich intussen. Na de ramp van 1926 werd de Maas gekanaliseerd en op vele plaatsen verzwaarde men opnieuw de dijken. Maar van nog veel groter importantie was de verbetering van de ontwatering in de binnenlanden.
Hoe verschrikkelijk al die dijkdoorbraken voor de mensen ook mochten zijn geweest, de akkers en de weilanden hadden daar bepaald niet onder geleden. De rivier immers liet vruchtbaar slib achter waardoor soms voor enige jaren achtereen bemesting overbodig was. Niet elke dijkdoorbraak had mensenlevens gevergd en in de 19e eeuw hadden collectes voor de slachtoffers vaak erg veel geld opgebracht. Als dan in het najaar, dat op de watersnood volgde, de velden een rijke oogst gaven, werd er wel eens – zo fluisterden boze tongen op de zandgronden – in het rivierenland gebeden: Heer geef ons ons dagelijks brood en elk jaar een watersnood.
Een dijk sluit het water niet hermetisch buiten en veel schadelijker dan het water dat met geweld door een doorbraakgat stormde, was wel het 'zure' kwelwater, dat in grote hoeveelheden onder de dijken door via zandlagen en kwelbanen, de polders binnendrong en bleef staan in de 'broeken', die men later 'komgronden' zou gaan noemen. Dat schrale kwelwater, waarmee de lage polders maanden achtereen blank stonden, maakte akkerbouw volstrekt onmogelijk, zodat grote oppervlakten 'blauwe' grond slechts als hooiland voor een matige opbrengst konden zorgen.

Molens

De watermolens, zoals die tot in de eerste helft van de 19e eeuw werden gebouwd, waren dikwijls niet in staat al dat kwelwater tijdig uit te slaan; ook al omdat de rivieren, waarop ze lozen moesten, vaak nog aan de dijk stonden als er uitgemalen moest worden. Maar ze kwamen ook uiterst moeizaam tot stand, die technische voorzieningen. Zelden kreeg een poldergemeenschap van de hogere overheid het 'recht van overstemmen' en zolang niet via dit recht bij meerderheid beslist kon worden, kon elke grondeigenaar een geplande verbetering van de waterlossing tegenhouden door te weigeren zijn aandeel mee te betalen in de kosten.
In het gehele rivierenland was in de loop van de tijden erg veel grond in handen geraakt van uitwonende eigenaren, die dikwijls moeilijk te bewegen waren om

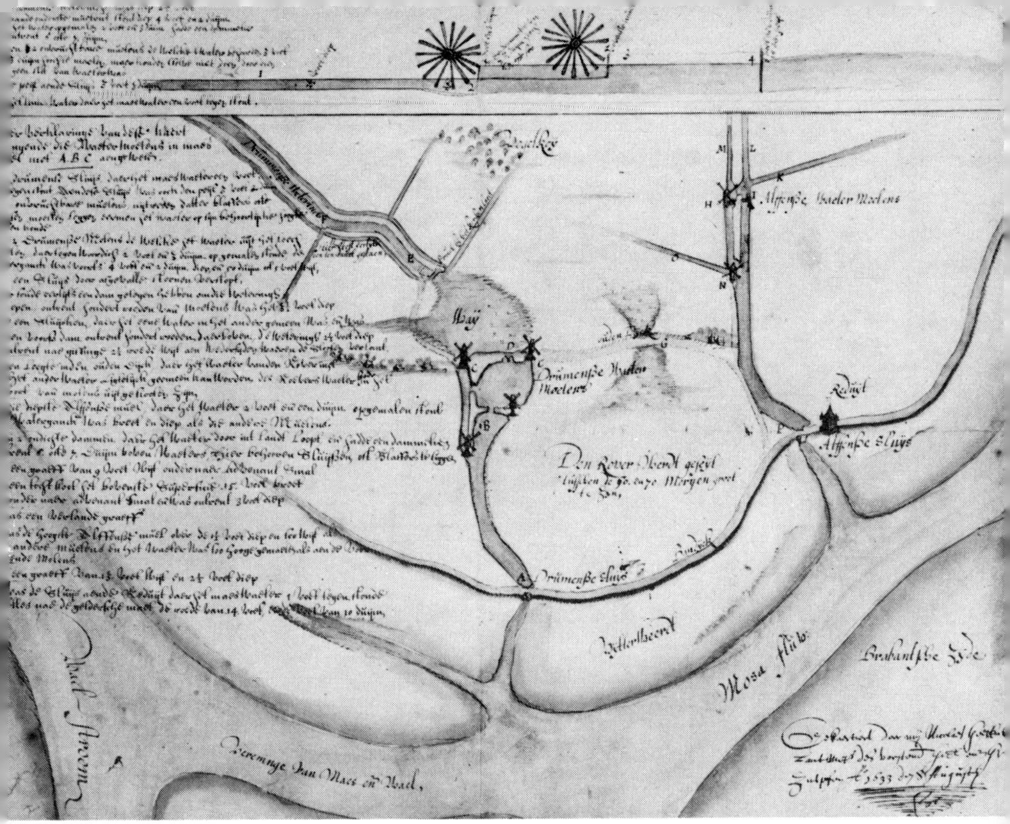

Ingewikkelde en kostbare voorzieningen waren nodig om het kwelwater of het water dat via een doorbraak binnenstroomde, weer buiten de dijkring te krijgen. Dat blijkt b.v. uit deze tekening uit 1633 van Nicolaes Geelkercken van het laagste deel van het Land van Maas en Waal. Op de dijk een 'reduyt', een verdedigingstoren tegen invallende Spaanse troepen.

in de beurs te tasten voor maatregelen tegen de wateroverlast die de streekbewoners teisterde. Fel werd hier de strijd gestreden tussen eigenaarsbelang en gemeenschapsbelang. Pas in de tweede helft van de vorige eeuw kwamen er stoomgemalen en eerst in onze tijd, met zijn uit de gehele bevolking gekozen provinciale besturen, de zoveel machtiger diesel- en electrische gemalen, de getemde Linge en de gekanaliseerde Maas, kon de waterbeheersing zodanig worden verbeterd dat de lage landen het hele jaar door droog bleven.

Pioniers

Voor het eerst in de geschiedenis werd het nu mogelijk om te gaan wonen in de polder, ver van het dorp af op de lage gronden, waarvan door middel van drainage en schuimaarde goed weiland gemaakt kon worden. Ruilverkaveling kon daarin een handje helpen en de centrale overheid stelde fikse subsidies in het vooruitzicht. Toen men over verhuizing naar de polders begon te praten, kort voor de Tweede Wereldoorlog, sprak men manhaftig over 'kolonisatie van de binnenlanden', een onderneming waarvoor moed nodig zou zijn. De term werd na 1945 niet meer gebruikt, maar de boeren in hun oude vervallen bedoeningen aan de dijk, waren toch maar moeilijk naar de polder te krijgen. In het begin van de vijftiger jaren ging het eerste schaap over de dam: in Dreumel trok een boer vanuit het dorp naar een nieuwe boerderij in de lage polder. Hij werd voor gek verklaard en H. M. de Koningin bracht een bezoek aan deze pionier. Maar er werden daarna alleen in de ruilverkaveling 'Maas en Waal' nog 95 boerderijen gebouwd op de 'komgronden'. Nu – 25 jaar later – staan er honderden nieuwe boerderijen in de lage poldergebieden van het rivierenland. Ook de dorpen zijn van de stroomruggen afgegroeid. Er staan hele woonwijken en kostbare industriële complexen, bejaardenhuizen zelfs op zeer laag gelegen gronden, die er een meter of zes 'onderschieten' zouden als de dijk zou overlopen.

Dijkstaal

Betekent dit dat de angst voor het overstromingswater vergeten is? Geenszins! De autochtone landbouwer in het rivierengebied heeft van huis uit de angst voor de rivier en de zorg voor de waterkering meegekregen. In hem leven de ervaring en de heroïsche strijd van zijn voorvaderen voort en als het over de dijken en water gaat, dan heeft de visie van de bejaarde landbouwer heel wat meer gezag dan die van de waterstaatsingenieur. Zodra de rivier in zijn winterbed stroomt, worden de waterstanden van uur tot uur gevolgd en als het water 'hoog aan de dijk' komt, worden in stilte voorzorgsmaatregelen getroffen. Als er bij de dijk zandgaten gezogen dreigen te worden, zullen de boerenorganisaties protesteren, omdat de leden daarvan weten dat die gaten de kwel zullen bevorderen, ook al leren de zoons het in Wageningen of Delft misschien anders.

Rond 1970 had de rijkswaterstaat een plan om het 'Betuwepand' van het Amsterdam-Rijnkanaal een open verbinding te geven met de Rijn/Lek en aan weerszijden van dat kanaal zware dijken te maken, die hoog water tot 11 mtr + NAP zouden kunnen keren. De landbouworganisaties, de waterschappen en de provincie protesteerden fel. Dergelijke dwarsdijken zouden fatale wateropstoppingen kunnen veroorzaken bij een dijkdoorbraak en kwel onder die dijken door zou ernstige wateroverlast tot gevolg hebben. In de vergadering van het polderdistrict Neder-Betuwe zei een stokoude landbouwer smalend: ze krijgen dat niet voor mekaar; er zit daar geen dijkstaal; ze krijgen dat kanaal niet dicht; als daarin het water een paar meter boven de polderstand uitgaat, loopt het kanaal onder de dijken door leeg als een vergiet. Doch de streek verloor het tot in hoogste instantie – bij de raad van de waterstaat en bij de minister. En tóch zijn de plannen later veranderd en is nu, anno 1978, de rijkswaterstaat bezig de al aangelegde stukken van de hoge kanaaldijken te slechten.

Angst

De watersnood van 1953 heeft Nederland wakker geschud en als gevolg daarvan is ook het plan ontstaan om de rivierdijken te verzwaren. Rond die dijkverzwaringsplannen, waarover in het rivierengebied zoveel te doen is, dient allereerst een misverstand rechtgezet te worden. De eerste aanzet van die plannen is niet, zoals zo vaak gezegd wordt, gegeven vanachter een schrijftafel; de angst, die leeft onder de autochtone bewoners van het rivierengebied, heeft de bestuurders er wel degelijk mede toe aangezet de dijkverzwaring ter hand te nemen.
Vooral in de polder leeft de angst als het water de dijkskruin nadert. De dijk, de oeverwallen en de vluchtheuvels, die in de voorbije tijden toevluchtsoorden waren bij watersnood, liggen ver vandaar. Nieuwe boerderijen hebben geen vloedzolders meer of opkamers. Wat zou je daarmee trouwens doen, als je woont op een maaiveld van 2.25 + NAP en de rivier gaat over de 10 meter heen? Dan weet je dat er van je huis niets boven water zou blijven als de dijk het zou begeven. Misschien de televisiemast – als een kruis op een graf. In 1970 toen de Waal hoog in het winterbed stond en de dijken van de Bommelerwaard gevaar liepen, lagen er bij de boerderijen in de polder soms roeiboten naast de deur.
Terecht constateert het rapport van de Commissie-Rivierdijken (commissie-Becht), dat we nog vaker ontmoeten zullen, dat gevoelens van angst en onzekerheid bij dreigend gevaar een reëel welzijnstekort betekenen.

Trage start

De dijkverzwaring in het rivierengebied is wat moeizaam op gang gekomen en op een voor ons land karakteristieke wijze. Al in 1956 kwam de minister van verkeer en waterstaat overeen met G.S. van Gelderland – de provincie waarin de meeste rivierdijken liggen – dat alle dijken zodanig zouden worden versterkt, dat ze als 'maatgevend hoogwater' een afvoer van de Rijn bij Lobith van 18.000 m^3 per seconde zouden kunnen keren. Een afvoer die theoretisch éénmaal per 3000 jaar wordt overschreden. Dit betekende dat 550 van de 650 kilometer dijk zou moeten worden verhoogd en/of verbreed, waarvan een groot deel op een ingrijpende wijze.
Het duurde echter nog jaren aleer daadwerkelijk werd begonnen. Want er ontstond eerst een competitiestrijd over de vraag wie het werk zou moeten aanpakken, de provincie met zijn grote staf waterstaatstechnici of de dijkbeherende waterschappen, die naar de mening van G.S. daarvoor de capaciteit misten. Onder druk van de waterschapsbond kwam uiteindelijk een compromis tot stand: de provincie maakt de plannen en de waterschappen voeren die uit.
Een niet minder belangrijke hobbel die moest worden genomen, was het aandeel dat de 'dijkgeslaagden' van onze dagen (vooral de eigenaren van de

door de dijk beschermde gebouwen) zouden moeten betalen in de kosten, die eerst op 200 miljoen en nu op 700 miljoen worden geraamd. De rijksoverheid neemt nu 60% van de kosten voor zijn rekening en ook de provincie draagt een deel daarvan.
Pas een jaar of tien na de overeenkomst tussen G.S. en de minister is met de daadwerkelijke dijkverzwaring begonnen en eerst toen is het verzet ertegen op gang gekomen. Dat kreeg een sterke stimulans, toen in het dijkdorp Brakel een belangrijk deel van de karakteristieke bebouwing werd weggesloopt en iedereen kon zien welke onherstelbare verwoestingen er in het rivierenland dreigden te worden aangericht. Actiegroepen uit de streek, studenten en landelijke organisaties voor de bescherming van het milieu kwamen in het geweer. Hier en daar zetten ook gemeentebesturen de dijkverzwaarders een voet dwars door jonge mensen die dijkhuisjes kraakten en bezetten om sloop ervan te voorkomen, te steunen; door hun inwoners aan te raden hun dijkwoningen onder geen enkel beding te verkopen aan het waterschap of door te weigeren de bestemmingsplannen aan te passen aan de dijkverzwaringsplannen.
Dat verzet noopte minister Westerterp ertoe in mei 1975 de Commissie-Rivierdijken in het leven te roepen, die zou moeten nagaan of de gehanteerde normen herziening behoefden en welke mogelijkheden er waren om 'de inspraakmogelijkheden te optimaliseren'. In maart 1977 zijn de rapporten met de aanbeveling van de Commissie-Rivierdijken verschenen; ze zijn op het moment dat we dit schrijven (september 1977) nog niet door de minister overgenomen.

Moloch

Onze waterstaatsorganisatie is als een moloch, die, eenmaal in beweging gekomen, niet meer te stuiten valt en rücksichtslos vernietigt wat voor zijn voeten komt. De moloch kan ook niet meer terug, want als de plannen moeten worden gewijzigd, verliezen de ontwerpers prestige en worden er functionarissen overbodig. Hij wil rechte, brede en zware dijken, zonder bebouwing en zonder begroeiing en met zwak hellende glooiingen, die machinaal gemaaid kunnen worden. Daarom moeten de bestaande dijken worden 'geschoond' van bebouwing, bochten worden rechtgetrokken, bomen gerooid en wielen en strangen gedicht. Niet alleen de dijk zélf, doch ook een strook aan weerszijden ervan – 10 meter breed aan de rivierkant en 30 meter breed aan de binnenkant – moet kaal en vlak zijn. Dan pas krijgen we echte waterstaatsdijken.
Deze, nogal eens bij de tegenstanders van de dijkverzwaring te beluisteren visie, doet onrecht aan de bedoelingen van de technici die verantwoordelijk zijn voor de dijkverzwaringsplannen, zoals ze tot nu toe werden ontworpen en – over een lengte van 70 kilometer ongeveer – uitgevoerd en die echt wel het een en ander spaarden. Maar ze hielden zich wel onwrikbaar aan de normen en lieten vanuit hun eigen roeping het waterstaatsbelang duidelijk prevaleren.

De Commissie-Rivierdijken merkt op dat in ons land per traditie waterstaatswerken altijd met een zekere robuustheid plegen aangepakt te worden en dat 'meer doordachte methoden, die meer vooronderzoek verlangen en meer inspanning van de ontwerper vergen, tot dusverre niet overal zijn toegepast waar schade had kunnen worden voorkomen'. Er is dan ook, aldus het rapport, onrust over de gevolgen van de dijkverzwaring voor de landschappelijke, cultuurhistorische en natuurwetenschappelijke waarden in het rivierenland. En die beperkt zich niet tot enige zogeheten knelpunten, maar is in feite veel algemener gericht.

Dijken en veren

In het rivierengebied concentreerde de bebouwing zich aanvankelijk op de natuurlijke hoogten, de oeverwallen, maar toen de dijken er eenmaal waren, bouwde men bij voorkeur ook onderlangs of in de bermen van de dijken om snel have en goed te kunnen redden als de rivier zijn kluisters had verbroken.

'Het ontstaan van bebouwing langs de dijken is ook gevolg van de verkeersfunctie die de dijken van hun ontstaan hebben gehad', aldus het rapport-Becht. 'Dit blijkt onder meer uit het feit dat de eigenlijke – oude – boerderijen vaak beneden aan de dijk of aan een achterweg liggen, terwijl langs de dijk relatief veel daglonershuisjes e.d. voorkomen. Voor de ontsluiting waren ook de (overzet)veren belangrijke schakels. De plaats van het veer gaat in de meeste gevallen terug tot in de Middeleeuwen en houdt nauw verband met de (oorspronkelijke) structuur van het gebied, de bewoningskernen en oude, vóór de bedijking al bestaande, handelsroutes over land. De veerstoep (afrit van de dijk) en het veerhuis in de uiterwaard zijn in dit verband historisch belangrijke objecten. Dit betekent dat men voorzichtig zal moeten zijn met het samenvoegen van bestaande veren door het scheppen van een nieuw veer op een nieuwe plaats, omdat daarmee meer dan alleen een bestaande verkeersfunctie wegvalt. Vaak valt een hoofdkenmerk van een plaats of plek weg! Voorbeelden hiervan ziet men in Beusichem, Brakel, Culemborg en Wijk bij Duurstede.

In veel dorpen en stadjes in het rivierenland is het historisch gegroeide bouwpatroon, bestaande uit een kern met onder meer kerk, raadhuis en markt, op het hoogste deel van de stroomrug en lintbebouwing op en langs de dijken aan weerszijden van de woonkernen, heden ten dage in meerdere of mindere mate gaaf bewaard gebleven.

De hoofdstructuur van de dorpen bestaat vrijwel altijd uit een dijk en een achterweg met hiertussen dwarswegen, die met een zogenaamde stoep op de dijk aansluiten. In enkele gevallen treft men als extra element aan de buitenzijde van de dijk een veerstoep aan naar het veer bij de zomerdijk.

Karakteristiek is dat de bebouwing aan dit wegenpatroon (dijk, achterweg, dwarswegen) is geconcentreerd en dat de tussenliggende terreinen worden gebruikt als boomgaard, akker, moestuin en huiskavel'.

Hoezeer de dorpen langs de rivier vergroeid zijn met de dijk toont deze luchtfoto van het dorp Ochten. Op de voorgrond de veerstoepen van de in 1975 uit de vaart genomen pont Ochten-Druten.

Op dit hoofdthema komen, aldus de commissie, een aantal variaties voor en daarom mogen er voor de dijkdorpen geen standaardoplossingen komen.
'Ook buiten de dorpen en stadjes houdt de plaats van vestiging nauw verband met het natuurlijk reliëf en de plaats van de dijken. Op de hooggelegen gronden aan of nabij de dijken vinden we onder meer ridderhofsteden, kastelen of overblijfselen hiervan, fortificaties, grote landhuizen en een groot aantal boerderijen. Vele van deze bouwwerken zijn door oud geboomte gemarkeerd. Het rivierengebied heeft een eigen, hoogst karakteristieke boerderijvorm, het zogenaamde T- of krukhuistype. Dit type boerderij wordt in grote delen van het rivierenlandschap vooral of uitsluitend in de nabijheid van de dijken aangetroffen.
Boerderijen met een T-vormige plattegrond zijn in veel gevallen met riet bedekt, voorts vaak 1½ verdieping hoog, waarbij het woongedeelte naar de weg

of dijk is gekeerd. Op het erf bij de boerderij ziet men geschoren linden. Verder zijn karakteristiek voor het rivierengebied ook de talrijke, op het talud van de dijk gebouwde daglonershuisjes en keuterijen, die in belangrijke mate het beeld van de dijk bepalen. Veelal zijn deze woningen in het midden van de 19e eeuw gebouwd, soms zijn ze ouder zoals op de Waaldijk tussen Gorinchem en Neerijnen'.

Landschap

Maar het gaat niet alleen om de gebouwen: 'Vele van de eigenschappen of elementen van het landschap van het rivierengebied hangen samen met de aanwezigheid van dijken. De diversiteit in landschapselementen binnen het rivierengebied is het grootst in de directe omgeving van de dijken. Allereerst is de kronkelige dijk zelf landschappelijk van grote betekenis als dominante getuigenis van de voortdurende strijd van de mens tegen het water.
De talrijke wielen en complexen overslaggronden, gemarkeerd door moerassen en griendjes, laten zien dat deze strijd dikwijls door de mens werd verloren. Als belangrijke elementen in de directe omgeving van de dijk kunnen ook genoemd worden: dijksloten, kleiputten, killen, rivierstrangen, dijkhuisjes, boerderijen en opgaande begroeiingen van diverse aard. Karakteristieke opgaande begroeiingen op of langs de dijk zijn onder meer knotwilgen en populieren, solitaire meidoorns, meidoorn- en sleedoornheggen, griendjes en elzenbosjes. Voorgevels van landhuizen en boerderijen gaan vaak schuil achter leilinden. De es en de noteboom zijn kenmerkend voor het rivierenland en worden hierin verspreid aangetroffen, met name de eerstgenoemde. Als zeer belangrijk kenmerk van het landschap van de rivierdijk moet zeker genoemd worden de opvallende bloemenrijkdom op de hellingen van de dijken en in de sloten, wielen en strangen nabij de dijken. In de beleving van het landschap speelt de bloemenrijkdom een belangrijke rol, ook bij de niet botanisch geschoolde waarnemer. In de bloemrijke dijkbeemden treden gedurende het vegetatieseizoen opmerkelijke veranderingen op. In het voorjaar wordt het aanzien voornamelijk bepaald door de weelderige groei van fluitekruid, in de zomer door hoge grassen en een groot aantal kruiden.
De combinatie van landschapselementen verschilt van plaats tot plaats, waardoor het landschapsbeeld van het rivierengebied zeer gevarieerd is en elke plaats zijn eigen identiteit heeft. De veelvormigheid van het landschap, maar tegelijk ook het specifieke karakter, zijn de grondslagen voor de hoge belevingswaarde die aan het landschap van het rivierengebied kan worden toegekend. Het rivierenlandschap wordt zo algemeen als aantrekkelijk landschap ervaren, dat bij de waardering van deze kwaliteiten niet als subjectief behoeft te worden afgedaan.
De dijken met hun karakteristieke elementen, de uiterwaarden, waarin steenfabrieken met hun schoorstenen als karakteristieke elementen kunnen liggen, de rivieren zelf, het binnendijkse gebied en het in hoge mate specifieke nederzet-

tingspatroon vormen samen een cultuurlandschap, dat zowel binnen als buiten ons land nergens anders in deze vorm wordt aangetroffen en daardoor in nationaal en internationaal opzicht van grote betekenis moet worden geacht. De bij de waardering van natuur en landschap dikwijls misbruikte term "uniek" is voor het rivierengebied van ons land dan ook zeker van toepassing'. Tot zover de Commissie-Rivierdijken. Het laat zich verstaan, dat een studiecommissie die zo de schoonheid van het gebied bezingt, waken wil tegen schending daarvan.

Elementen

In plantengeografisch opzicht neemt het rivierengebied een bijzondere plaats in. Het behoort tot het z.g. fluviatiele district, dat kenmerkend is om de grote soortenrijkdom. Er zijn zelfs ongeveer 100 plantensoorten, die men slechts vindt in het rivierengebied, waar de dijkbeemden een natuurlijk milieu met specifieke eigenschappen bieden.
Het water van de rivier heeft veel kiemen van planten aangespoeld; die kwamen ook mee in de aarde waarmee gedijkt werd of in de mest waarmee bij dreigend gevaar de kruin bekist werd. Op de dijken stonden vaak ook de korenmolens en op die plaatsen vindt men nu nog de korenbloem of klaproos, waarvan de kiemen uit het kaf zullen zijn gewaaid.
De grond van het dijklichaam is warm, kalkhoudend en waterdoorlatend en daardoor konden veel planten, die elders niet gedijen, zich hier handhaven. Het staat echter vast dat deze unieke bloemenrijkdom van de dijkhellingen het zwaarst getroffen zal worden door de dijkverzwaring. Op stukken die al verzwaard zijn, werden pogingen gedaan die flora te behouden of terug te krijgen. De zode met de bovenste grondlaag werden zorgvuldig verwijderd om later weer terug te zetten op de nieuwe berm, maar dat mislukte. Ook het opnieuw inzaaien met een kruidenrijk graszaadmengsel heeft tot nu toe niet het resultaat opgeleverd dat men ervan verwachtte. Een natuurlijk plantenmilieu, dat in eeuwen is ontstaan, laat zich niet kunstmatig creëren.
En ook dat is een reden waarom velen die dijkverzwaring eigenlijk maar liefst helemaal achterwege zouden willen laten. Er staat nogal wat op het spel. Een globale, in opdracht van C.R.M. verrichtte, inventarisatie langs de te verzwaren rivierdijken leerde dat daarin 1.459 bochten zitten, dat er in totaal honderden kilometers dijkhelling een grote botanische waarde hebben, dat er in totaal ruim 40 kilometer aaneengesloten dorpsbebouwing mee gemoeid is, dat er verder op of direct aan die dijken ongeveer 1.100 monumentale, waardevolle of beeldbepalende gebouwen staan, dat daar ongeveer 5.100 andere waardevolle elementen zijn te vinden, dat er langs die dijken 200 bossen, parken of buitenplaatsen zijn. En nog 223 wielen, kolken of oude plassen en 730 strangen of oude rivierlopen. De discussie is nog niet gesloten...

7 Fantasie gevraagd

Het is op het eerste gezicht absurd om bij de dijkverzwaring rekening te houden met een waterstand die theoretisch eenmaal per 3.000 jaar bereikt wordt. De dijken zijn nu in het algemeen gebaseerd op een wateraanvoer bij Lobith van 12.500 m^3 per seconde en dat is een hoeveelheid die theoretisch eenmaal per 100 jaar overschreden wordt. Er zijn mensen genoeg die vinden dat er dus aan de dijken heel weinig of niets gedaan behoeft te worden. De watermassa's die onze grens passeren, zijn immers al enige dagen onderweg, zodat het overlopen van de dijk voorspeld kan worden. De bevolking van het rivierengebied kan tijdig worden gewaarschuwd en geëvacueerd. De kans dat er doden vallen bij een overstroming is dus uiterst gering, oneindig veel geringer dan het risico dat de verkeersdeelnemer loopt. Er zal bij een overstroming natuurlijk grote materiële schade ontstaan, doch die kan door een verzekering worden gedekt. De premie daarvoor kunnen we met z'n allen dragen, zoals we nu ook de kosten van de dijkverzwaring moeten dragen...

Risico

Het probleem is echter niet zó simpel. Niet alleen omdat klimatologische verschijnselen niet te voorspellen zijn, maar ook omdat de gehanteerde norm een overloopgrens is, waarin het doorbraakrisico niet verdisconteerd kan worden.

Bij de Deltawerken worden de zeedijken zodanig verzwaard dat ze voor 'het hart van Holland' een vloedgolf kunnen keren die theoretisch eens per 10.000 jaar voorkomt. Voor de rest van Nederland is die norm 1:4.000. De norm voor de rivierdijkverzwaring is hiervan afgeleid. Daarbij is voor het rivierengebied bewust een wat groter risico aanvaard, omdat het land hier overstroomd wordt met het minder schadelijke 'zoete' water, omdat de bevolking inderdaad gealarmeerd kan worden en omdat stroomgaten in de zeewaterkering door de getijwerking zoveel moeilijker te dichten zijn. Aldus is de norm 1 : 3.000 verdedigd en is op basis van een wateraanvoer van 18.000 m^3 per seconde in Lobith becijferd hoe zwaar alle rivierdijken zullen moeten worden. In Duitsland zijn de Rijndijken genormeerd naar een waterafvoer van 17.000 m^3/s bij Lobith.

Maar de deskundigen weten dat deze kwantificering zeer grof en benaderend is. De Rijn met zijn vele zijrivieren draagt het overtollig water uit een groot deel van West-Europa naar de zee. Niemand kan voorspellen wanneer, waar en voor hoelang er zeer grote hoeveelheden regenwater zullen vallen en in de bebouwde gebieden is er door verbetering van riolering e.d. nog altijd een ontwikkeling aan de gang waardoor wateroverlast sneller geloosd wordt. Bij waterhoogten op de Rijn spelen ook de temperatuur en de windrichting een rol.

Januari 1795. De sansculotten trekken over de dichtgevroren rivier het hart van Holland binnen. Een tekening van D. Langendijk.

Wadich

Voorts is geenszins aan te geven dat dijken inderdaad bij die en die waterstand bezwijken zullen; de constructie van de dijk en de samenstelling van de bodem spelen daarbij een belangrijke rol. Wie een teil vult met vloeistof kan nauwkeurig becijferen wanneer de boorden ervan zullen overlopen; bij een dijkring is dat anders en daarom is dan ook in feite het risico groter dan bij het hanteren van de norm 1 : 3.000 b.v. gesuggereerd wordt. In het verleden is vele malen een dijk bezweken lang voordat het water over de kruin liep doordat de dijk 'wadich' was geworden en 'versonck'. Men sprak ook wel van 'dijkval'.

Zodra een rivierdijk enkele meters water keren moet ontstaan op de binnendijkse gronden in de nabijheid ervan de beruchte 'wellen': bronnetjes waardoor het rivierwater omhoogspuit. Mollen maken gangen dwars door de dijk heen, ook een konijnehol kan het begin zijn van een gat en niet voor niets wordt de opdringende bisamrat zo fel vervolgd overal waar dijken zijn. Als een wel – in de vakliteratuur tegenwoordig ook wel 'piping' genoemd – in het dijklichaam niet snel en afdoende wordt gedicht, kan dat het begin zijn van een dijkdoorbraak. Niet alleen het dijklichaam zelf kan poreus zijn, ook de ondergrond bestaat nogal eens uit zandige waterdoorlatende lagen, zodat grote hoeveelheden water onder die dijk doorkwellen. Ook daardoor kan de basis ervan

zodanig worden ondermijnd, dat het dijklichaam eenvoudig wegzinkt.
Op veel plaatsen in het rivierengebied heeft men dan ook op enige afstand van de binnenzijde en parallel lopend met de dijk, de z.g. kwelkaden. Die fungeren als een tweederangs waterkering, speciaal voor de kwel, en niet omdat men wil voorkomen dat dit kwelwater naar het lager gelegen binnengebied loopt; het is juist de bedoeling dit kwelwater achter de dijk vast te houden om die 'tegendruk' te geven en aldus het doorsijpelen ervan te beperken. Ook om bijna alle binnendijkse wielen liggen om dezelfde reden kwel- of ringkaden.

Aanbermen

Veel meer dan uit het verhogen ervan zullen de dijkverzwaringswerken dan ook bestaan uit het verzwaren en 'aanbermen' van de dijken en – in de visie van de waterstaatsmensen althans – het dichten van wielen en strangen kort bij de dijk. Ook al staat wel bij voorbaat vast dat kwel vanuit de rivier niet te voorkomen zal zijn. De rijkswaterstaat heeft het plan gehad om op de bodem en zijkanten van het eerder genoemde Betuwepand van het verbrede Amsterdam-Rijnkanaal een laag vette klei aan te brengen om daarmede kwel naar lager gelegen polders te voorkomen. Doch vooral ook omwille van de kosten is ten slotte gekozen voor een kanaalvak dat bij hoge waterstanden op de rivier met een sluis zal worden afgesloten. Het is duidelijk dat aan een dergelijk 'aansmeren' van de zandige rivierbodem niet kan worden gedacht.
Er zijn in de laatste decennia nogal wat leidingen van nutsvoorzieningen in de dijken gelegd en de deskundigen vrezen dat ook daardoor het waterkerend vermogen moet zijn aangetast. Erg kritisch staan de waterstaatsmensen voorts tegenover bebouwing in, op of nabij de dijk en tegenover de bomen in het dijklichaam. De laatste kunnen bij storm immers met hun wortels de bodem ernstig beschadigen en zelfs na hun dood nog schade aanrichten. Bij het afgraven van oude dijken vond men soms diep in de grond nog de kokers terug, waarin de wortels van al lang verdwenen bomen moeten zijn vergaan. Daar waar een huis staat, kan de sterkte van de dijk moeilijk worden gecontroleerd. Wellen via kelders of langs muren zijn uiterst moeilijk te dichten en als allerlei maatregelen moeten worden genomen bij zeer hoog water, dan staan huizen maar in de weg. Dat alles verklaart de betrekkelijkheid van de 'overloop-norm' en de voorliefde bij de waterstaatsmensen voor 'schone' dijken. In 1970 kwam er via de Rijn bij Lobith nog maar 9.500 m^3/s water binnen en toen was de toestand in de Bommelerwaard inderdaad al precair.

Verlaten

Door de Commissie-Rivierdijken is ook bekeken of wellicht een oplossing voor de problematiek kon worden gevonden door het

'aftoppen' van de hoogwatergolf door 'zijdelingse afleiding' – dat wil zeggen het oude systeem van 'verlaten'. Ergens wordt dan een opening gemaakt in een dijkring om een gebied tijdelijk onder water te zetten en de druk wat van de ketel te nemen. Zo'n systeem heeft in ons land tot voor enkele decennia gefunctioneerd en leidde vooral in onze eeuw tot felle kritiek in de gebieden, die de wateroverlast moesten opvangen. Bekend is de strijd om het dichten van de 'Beerse Maas', waarin topafvoeren van de Maas werden afgevoerd. Ook in het Oude Rijngebied nabij het Pannerdens Kanaal was zo'n verlaat.
Becijferd is dat men nu een gebied van bijna 6.000 hectare drie meter diep zou moeten kunnen inunderen om bij topafvoeren de waterstand op de Waal met ongeveer 30 centimeter te kunnen verlagen. En dat zou dan uiteraard slechts dit effect geven als het zou gaan om een vrij kortstondige topafvoer. Langs de rivier zijn echter alle gebieden die waterstaatstechnisch geschikt zouden zijn om als waterberging te dienen, vrij intensief bebouwd, zodat het duidelijk is dat het opnieuw maken van verlaten, waardoor bepaalde gebieden worden geïnundeerd om andere gebieden te vrijwaren van overstroming, politiek eenvoudig niet te verkopen zou zijn.

Uitdiepen

Twee bij haar ingebrachte suggesties heeft de Commissie-Rivierdijken vrij resoluut van de hand gewezen: het verlagen van de rivierbedding en het 'kortsluiten' van de Waal en de Maas bij Heerewaarden. Als men de rivier grotere afvoercapaciteit wil geven door de bodem ervan te verlagen, zullen grote delen van het winterbed moeten worden afgegraven. Belangrijke stukken van de uiterwaarden zullen daarvoor moeten worden opgeofferd en daartegen zouden zeker vanuit landschappelijk en natuurwetenschappelijk oogpunt ernstige bezwaren worden ingebracht. De kleilaag op de uiterwaarden dicht daarenboven vaak doorlatende en zich onder de dijk door uitstrekkende zandlagen af, zodat het vergraven van de uiterwaarden naar de mening van de commissie de stabiliteit van de waterkering in gevaar brengt. Een stelling die overigens nogal eens wordt bestreden als de afgifte van een ontgrondingsvergunning in het geding is.
In het verleden liepen de Waal en de Maas in elkaar over bij fort Sint Andries en toen vielen de hoogwaterstanden op beide rivieren vaak samen. De Maas is nu gekanaliseerd en de Bergse Maas verbeterd, maar het ziet er toch naar uit dat deze rivieren geen belangrijke hoeveelheden water van de Waal zouden kunnen verwerken zonder eerst dáár de dijken ingrijpend te versterken. Het in werking stellen van een soort overlaat van de Waal naar de Maas bij Heerewaarden zou slechts voor het benedenstroomse deel van de Waal enig soulaas kunnen geven. Dat betekent dat daardoor wellicht ruim een derde deel van de Waaldijken naar een iets lagere norm zou kunnen worden verzwaard. Maar dit voordeel weegt niet op tegen de nadelen elders; de problemen zouden door een overlaat bij Heerewaarden slechts verschoven worden.

Het dorp Doornspijk op 4 februari 1825 naar een tekening uit die dagen.

Verdeling

Lang moet de commissie hebben stilgestaan bij de vraag of de topaanvoer van water anders zou kunnen worden verdeeld over de Waal en de Rijn/IJssel door de situatie te veranderen aan de Pannerdense Kop. Dat idee lijkt aantrekkelijk, omdat de Waal tweederde van het bij Lobith binnenkomende water afvoert en het derde deel via het Pannerdense Kanaal naar de Neder-Rijn en IJssel gaat. Door op de Waal een kwartmeter water méér te aanvaarden, zou men dus de waterstand op de beide andere rivieren met een halve meter kunnen verlagen. Dijkverzwaring langs de IJssel en de Rijn zou dan achterwege kunnen blijven en de totale lengte van die dijken is bijna het dubbele van de dijken langs de Waal. Uiteindelijk is een minderheid van de commissie – de vertegenwoordiger van de Stichting Natuur en Milieu – op het standpunt blijven staan dat voor deze oplossing gekozen moet worden. Zijn visie is later overgenomen door het provinciaal bestuur van Gelderland.
Technisch is zo'n wijziging van de stroomverdeling bij de Pannerdense Kop best wel mogelijk, al zal er – omdat er enige afremming van de stroom zou plaatsvinden – overleg met Duitsland moeten worden gevoerd. Ter plaatse zouden dan ook landschappelijke waarden worden aangetast. Men zou voorts óf de dijken langs de Waal nóg zwaarder moeten maken dan thans al is gepland óf een groter risico moeten aanvaarden. De meerderheid van de commissie durft geen van beide alternatieven aan. Juist de de verzwaring van de Waaldijk stuit op de meeste problemen en juist achter deze dijken liggen de diepste polders, als b.v. De Bommelerwaard en de Tielerwaard.

IJsvorming

Een aspect, waarmee de commissie eenvoudig geen raad wist, is dat van de ijsvorming. Drijvend ijs vormt bij aanhoudende vorst een vast ijsdek en al bij het opeenschuiven van de schotsen kan een ijsdam ontstaan, waardoor het doorstromingsprofiel van de rivier wordt vernauwd. Bij aanhoudende strenge vorst neemt de wateraanvoer echter meestal snel af, maar des te gevaarlijker is de situatie als de rivier 'losgaat' en kruiend ijs tot dammen opeenschuift. Dooi gaat altijd gepaard met wassend water en als de dooi bovenstrooms sneller invalt dan in het lager gelegen stroomgebied kan een enorme wateropstopping het gevolg zijn. In de vorige eeuw waren ijsdammen nog verantwoordelijk voor een honderdtal dijkdoorbraken.
Maar wat moet je ermee nu de situatie sindsdien zo sterk veranderd is? De rivierbodem is genormaliseerd en zal dus de ijsafvoer minder snel remmen. Tussen 1800 en 1920 zijn de winters geleidelijk minder streng geworden. Het water is vervuild en verziekt door afvallozing erop en b.v. door de lozing vanuit de kali-mijnen zoveel zilter geworden. Door het lozen van heet water uit de elektrische centrales is de temperatuur ervan verhoogd. We zien dan ook de laatste jaren praktisch geen ijs meer in de rivieren. De ijsbrekers en de ijsploegen, die men op de stevens van sterke boten kon monteren, liggen al zolang werkloos in de havens van Dordrecht en Rotterdam.
Maar blijft dat zo? We hopen allemaal dat het water van de rivier weer schoner wordt en niemand kan ons voorspellen of we in de toekomst weer strenge winters zullen krijgen. De commissie merkt op dat de invloed van de Rijnkanalisatie niet bekend is en geen ervaring kon worden opgedaan met de nieuwe situatie in het benedenrivierengebied na afsluiting van Haringvliet en Volkerak. Getracht zal uiteraard worden de vorming van ijsdammen met explosieven en met ijsbrekers tegen te gaan, maar in het verleden zijn die pogingen niet altijd een succes gebleken. We hebben er sindsdien over de rivier ook weer bruggen bij gekregen en de mogelijkheden om daaronder een ijskorst met zwaar geschut te lijf te gaan, zijn beperkt.
Uiteindelijk heeft de commissie de mogelijkheid van ijsvorming maar niet verdisconteerd in de becijferingen en ook dat maakt de waarde van de te hanteren normen nog betrekkelijker.

Risico

Het is vrij eenvoudig de waarde van de onroerende goederen te taxeren binnen een bepaalde dijkring om aldus de schade te schatten, die zou kunnen worden aangericht door een overstroming. Doch bij een watersnoodramp zullen ook onvervangbare zaken verloren gaan als monumenten, kunstschatten en allerlei persoonlijke dingen, die een grote emotionele waarde hebben voor de bezitters. En wie zal de schade begroten van de algehele ontwrichting van de samenleving, vernielingen die aan spoorlijnen,

wegen e.d. kunnen worden aangebracht? Schattingen daaromtrent belanden al vrij snel in de miljarden, zodat de commissie constateert dat verzwaring van de rivierdijken in elk geval economisch verantwoord is.
Het risico dat mensenlevens verloren gaan als gevolg van dijkdoorbraken is uiteraard niet in geld te waarderen en hoe kan de angst worden gepeild, die onder de bevolking groeit als in het rivierengebied het water aan de lippen komt? Het is in wezen een wat vreemde zaak, dat er dagelijks mensen omkomen in het verkeer, zonder dat alle weggebruikers daarvan wakker liggen. Het staat echter wel vast dat de bewoners van de lage polders achter de dijken minder gemakkelijk zullen leren leven met de gedachte, dat ze onvoldoende beveiligd worden tegen overstromingen.

Tegenstellingen

De eerste conclusie en aanbeveling van de Commissie-Rivierdijken, dat het rivierengebied thans onvoldoende beveiligd is tegen het risico van overstroming, zodat dus een belangrijk deel van de dijken verzwaard zal moeten worden, zal dan ook in het algemeen door de bevolking als juist ervaren worden.
De strubbelingen rond de dijkverzwaring, die de gemoederen in de streek soms wat hebben verhit, leerden dat in dit opzicht allochtonen en autochtonen meestal – in grote lijnen althans – tegenover elkaar stonden. In de actiegroepen, die zich keren tegen de dijkverzwaring, vindt men vooral de mensen die de laatste jaren in het gebied zijn komen wonen en andere 'mensen van buiten', terwijl de waterschapsbesturen, die unaniem vechten voor een rigoureuze verzwaring van de dijken, weer juist bijna uitsluitend bestaan uit mensen die in de streek geboren en getogen zijn.
Die waterschapsbestuurders achten zich verantwoordelijk voor de veiligheid van hun gebied, ze hebben allemaal wel eens op de dijken gestaan als die hoog rivierwater keren moesten en ze zijn representanten van de angst voor het water, die van oudsher in de bevolking van het rivierengebied leeft. De autochtone streekbewoner is ook over het algemeen wat lijdzamer – wat conservatiever wellicht – omdat hij is opgegroeid in afhankelijkheid van de natuur en het besef, dat er krachten zijn, sterker dan de zijne, die zijn lot in hoge mate bepalen. De mensen die nog niet zolang in het rivierengebied wonen, hebben nóch een watersnood nóch dreigend gevaar voor dijkdoorbraken meegemaakt; ze zijn over het algemeen wat militanter en ze vechten – evenzeer terecht – voor de grote landschappelijke en cultuurhistorische waarden waarom ze het gebied tot woonplaats uitkozen. Dat verklaart de botsing van meningen en belangen bij de dijkverzwaring, die noopten tot de instelling van de Commissie-Rivierdijken.

Vissers uit Beneden-Leeuwen redden mensen in Dreumel na de dijkdoorbraak van 1861. Een kleurentekening van een onbekende ooggetuige (waarschijnlijk uit Tiel).

Norm

Die heeft duidelijk naar een compromis gestreefd en blijkt voorts reëel genoeg te zijn om voorop te stellen dat elke mogelijkheid om de beveiliging op een hoger plan te brengen, schade zal aanrichten in het gebied. De commissie beveelt de overheid aan om de tot nu toe gehanteerde norm te gaan verlagen en voorts die norm niet overal even stringent toe te passen. Nabij de linker IJsseloever zijn op de meeste plaatsen hoge gronden te vinden, zodat bij een dijkdoorbraak gemakkelijker mensen en levende have in veiligheid gebracht kunnen worden en een wat groter risico aanvaardbaar is. Voor nog nader te bepalen gebieden langs de linkeroever van de IJssel zou dan de dijkverzwaring geheel achterwege gelaten kunnen worden. Geadviseerd wordt de norm van 18.000 m^3/s oftewel 1 : 3.000 te wijzigen en de dijken zodanig te gaan versterken dat een maatgevende Rijnafvoer bij Lobith van 16.500 m^3/s kan worden gekeerd – een afvoer die theoretisch overschreden wordt met een frequentie van eens in de 1.250 jaar.

Een duidelijke motivering wordt aan dit voorstel om de norm te wijzigen niet gegeven; het lijkt veeleer een gebaar te zijn dat past in een pleidooi om de zaken heel wat soepeler aan te pakken dan tot nu toe geschiedde. Op zichzelf genomen zou het praktisch effect van die verlaging van de norm ook betrekkelijk gering zijn – er zouden dan slechts enkele tientallen waardevolle elementen door gespaard kunnen worden. Veel interessanter zijn in dit verband de suggesties om bij de dijkverzwaring 'uitgekiende plannen' te gaan hanteren.

Onbehagen

Toen bekend werd dat de Commissie-Rivierdijken 'uitgekiende ontwerpen voor de dijkversterking' zou gaan aanbevelen, is daarop bij de met de dijkzorg belaste waterstaatsmensen aanvankelijk nogal schamper gereageerd. De plannen zoals ze nu van de tekentafels waren gekomen, waren immers al zorgvuldig uitgebalanceerd. In de 'coördinatiecommissies', waarin alle disciplines vertegenwoordigd heten te zijn, worden de belangen tegenover elkaar afgewogen, zodat geen plan werd goedgekeurd door het provinciaal bestuur dan nadat vaststond dat gespaard zou worden wat redelijker wijze gespaard kon worden – uitgekiende plannen dus. Maar bij een wat nadere bestudering van het rapport – en vooral ook van de later verschenen 'bijlagen' – valt toch gemakkelijk een sfeer van onbehagen te proeven over de 'robuustheid' waarmee bij de eerste dijkverzwaring is tewerk gegaan en opruiming werd gehouden onder landschappelijk en cultuur-historisch waardevolle elementen. De Commissie-Becht zet dan ook nogal wat tot nu toe gehanteerde uitgangspunten op de tocht en appelleert aan de fantasie en durf van de ontwerpers om te zoeken naar alternatieven.

Asfalt

Hoezeer de rivierdijkverzwaring leeft, niet alleen in de streek zelf, doch ook ver daarbuiten, blijkt ook uit de vele reacties en suggesties, welke bij de commissie zijn binnengekomen. Daarbij worden wel eens geheel nieuwe wegen aangewezen.
De Tielse landbouwingenieur K. ter Horst b.v. heeft een in de ogen van de waterstaatsmensen ongetwijfeld nogal revolutionaire oplossing voor de problemen. Hij vindt dat er in het dijklichaam een smalle, diepe verticale sleuf gemaakt moet worden aan de rivierkant naast het wegdek en dat die opgevuld moet worden met asfalt of een soortgelijk materiaal. Er ontstaat dan een waterdicht scherm, dat de nadelen van de traditionele damwand mist. Asfalt is vloeibaar te verwerken, zodat het zich aanpast aan de vorm van de sleuf en zo muurvast gaat zitten, en geen verdere 'verankering' nodig is. Asfalt is elastisch, onvergankelijk en relatief goedkoop. Er kan split in verwerkt worden. Te denken valt ook aan ander materiaal. In Japan wordt uit huisvuil al een soort plastic gemaakt, waarvan men heiningpalen maakt, die de eeuwen moeten kunnen doorstaan. Ook in ons land wordt geëxperimenteerd met recyclingtechnieken, waarbij uit huisvuil en andere afvalstoffen een soort asfalt gemaakt kan worden.
Globale becijferingen hebben ir. ter Horst tot de overtuiging gebracht dat zijn methode ook beslist niet duurder is dan de dijkversterking zoals die thans geschiedt. Er behoeven dan immers geen gaten gemaakt te worden waaruit de grond voor de dijkversterking moet komen, er behoeft nagenoeg geen grond verzet te worden, er behoeven geen huizen onteigend of gesloopt te worden,

geen nieuwe huizen gebouwd te worden voor de dijkverlaters van onze tijd, geen strangen of wielen gedempt en geen boom of struik gerooid te worden. Alle begroeiing, alle landschappelijke en cultuurhistorische waarden – kortom het hele landschap, dat ook ir. ter Horst zo na aan het hart ligt, zou kunnen worden gespaard.

Er zou op deze manier ook sneller gewerkt kunnen worden. Als de machine maar eenmaal uitgevonden is om de sleuf te maken, kan de sleuf die daarmee gegraven wordt, direct met de gekozen vulstof worden gedicht. Wanneer er hoogwater in aantocht is, kan het werk snel tijdelijk afgemaakt worden zonder verzwakking van het dijklichaam, zodat het werken aan de dijkverzwaring niet meer beperkt zal behoeven te blijven tot het zomerseizoen.

Ir. ter Horst behoort niet tot degenen, die vinden dat de dijken niet versterkt behoeven te worden. 'De mensen die hier wonen, hebben recht op een optimale bescherming en er is teveel geïnvesteerd in de rivierpolders om overstromingen te kunnen riskeren'. Maar ook als de dijk verhoogd moet worden, is de oplossing in zijn gedachtengang erg eenvoudig: er wordt gewoon een muurtje gemetseld op het waterdichte scherm. Dat zal dan ook een zitbank kunnen zijn voor degene die rustend van het landschap wil genieten.

Diepgaande waterdichte schermen zijn in ons land natuurlijk niet onbekend; ze zitten b.v. rond een tunnel onder de startbanen van Schiphol. Maar over het algemeen lopen de waterstaatstechnici niet zo weg met damwanden, omdat niemand kan weten wat er diep in de grond mee gebeurt. IJzer roest door, zodat een stalen scherm om de zoveel jaren vernieuwd zal moeten worden en beton kan scheuren. Euvelen die echter bij toepassing van het materiaal dat ir. ter Horst voor ogen staat, niet gevreesd behoeven te worden.

Enige reserve tegenover de plannen van ir. ter Horst bij de waterstaatstechnici is overigens wel verklaarbaar. De eenheid van het dijklichaam zou, door er een vertikaal scherm in aan te brengen, verloren gaan. De vochtigheidsgraad van de grond b.v. kan aan beide zijden van het scherm geheel anders zijn, zodat er mogelijk als het ware twee tegen elkaar aanleunende vrij steile dijken ontstaan. En de technici zijn huiverig voor steile dijken. Vierlingh zei het al vier eeuwen geleden: steile dijken splijten.

In de commissie is hem tegengeworpen dat zijn damwand zeer diep zou moeten gaan, dwars door eventuele zandlagen onder het dijklichaam heen tot op vaste waterdichte lagen. Dit zou zijn systeem te kostbaar maken. Maar daar stelt ir. ter Horst tegenover dat ook de huidige dijk én de verzwaarde dijk het kwelwater niet opkeren, zodat ook zijn waterdichte scherm die functie niet zal behoeven te krijgen. Kwelwater kan uitgemalen worden. 'Het idee moet natuurlijk verder uitgewerkt worden; het vraagt nog erg veel studie. Maar bij alle waardering die ik overigens voor het werk van de commissie echt wel heb, ervaar ik toch als een bezwaar dat slechts gesproken wordt over de conventionele methoden van waterkering. Zodra er zich een alternatief aandient, zou dat direct opgenomen moeten worden in het arsenaal van de dijkverzwaarders'.

Koning Willem III bezoekt de slachtoffers van de watersnood te Brakel op 24 januari 1861. Litho bij Emrik en Binger.

Helling

Het is niet eens zozeer de dijkverhoging als wel de dijkverzwaring waardoor het landschap zo geschonden dreigt te worden. In de tot nu toe uitgevoerde plannen brengt men de hellingen in een glooiing van 1 : 3 en wordt daarenboven vaak aan de voet van de dijk nog een forse berm gemaakt. Het ruimtebeslag dat daarvoor nodig is, vernielt de meeste waardevolle elementen. De begroeiing van het talud namelijk is ook natuurwetenschappelijk interessanter naarmate het steiler is en een zo zwak glooiende dijk is ook visueel niet meer zo boeiend. De commissie wijst er echter op dat dit afzwakken van de glooiing lang niet altijd ingegeven wordt door het strikte waterstaatsbelang; het gaat daarbij kennelijk veeleer om het onderhoud van de dijkhellingen. Want ook dat is een probleem geworden.

De dijkhellingen zijn altijd privaatbezit geweest, al mochten ze dan ook vaak niet beweid worden met paarden, runderen of varkens. Soms werden ze vrij extensief gebruikt als hooiland, dan weer als grasleveranciers voor het kleinvee rond het daglonershuisje. Maar er was overal grote verscheidenheid in het gebruik van de dijkhellingen en ook dat heeft uiteraard bijgedragen aan de grote differentiatie in de begroeiing zoals we die thans kennen.

Met het oog op de dijkverzwaring zijn die hellingen nu meestal in het bezit gekomen van de waterschappen, die ze op uniforme wijze willen gaan maaien met machines. Voor een deel zullen ze ook weer in gebruik worden gegeven

aan veehouders, doch ook die kunnen er meer mee doen als de glooiing niet te steil is. Helaas komt het ook altijd nog voor dat de dijkhellingen bespoten worden met herbiciden om 'het onkruid' te bestrijden.
De Commissie-Rivierdijken wil de norm, dat alle glooiingen onder een helling van 1 : 3 gebracht moeten worden, overboord zetten. Er zal dan bij het onderhoud maar meer gebruik gemaakt moeten worden van (duurdere) mankracht, of men zal moeten zoeken naar machines die ook steile hellingen kunnen maaien.

Huisjes

Een heel bijzonder probleem vormen de dijkwoningen, de meest karakteristieke elementen in het rivierenlandschap. Die huizen – meest daglonerswoninkjes of keuterboerderijtjes – werden voor een belangrijk deel gebouwd in de 18e en 19e eeuw. Dat geschiedde altijd met toestemming vooraf van de dijkbeheerder en uit de archieven blijkt dat de reglementen in dit opzicht vrij streng werden gehanteerd. Wat zonder vergunning was gebouwd, werd afgebroken, maar de dijkbeheerders uit het verleden hadden over het algemeen kennelijk minder bezwaar tegen bebouwing dan hun opvolgers in onze tijd. Maar gezegd dient dat ze aanvankelijk meestal op de dijk stonden of althans buiten het normale dijkverloop en dat ze door verzwaring en verhoging daarvan in het dijklichaam zijn terechtgekomen.
De gemeentebesturen op het platteland hebben in het bebouwen van de dijken geen rol gespeeld. 'Bouwpolitie' kwam er in het algemeen pas na 1901 (Woningwet) en tot voor enkele decennia waren hier alle wegen en bermen nog in handen van 'de polder'.
Er zijn al heel wat van die huisjes verdwenen nog voordat de dijkverzwaring toesloeg. Want bij de autochtone bevolking waren ze over het algemeen niet zo in tel, toen nog niet ontdekt was dat ze gouden daken hadden. Er is veel armoede geleden in die oude dijkhuisjes. De dijk watert vaak af in de muren die geen spouw hebben en in de bedsteden moest het stro dus een paar maal per jaar ververst worden omdat daar paddestoeltjes in groeiden. Het leven van de dagloner aan de dijk, met zijn geit als melkkoe, wordt wel eens ten onrechte geromantiseerd.
Maar de slechtste huizen zijn al weg of in handen geraakt van mensen die er genoeg geld aan vertimmeren konden. En ondanks de ongeneugten die er vaak aan kleven, is het wonen aan de dijk voor velen van grote waarde. Het heeft een eigen sfeer en men geniet er groter vrijheid dan de rechte straat met zijn woningwetwoningen ooit zal kunnen bieden. Verreweg de meeste mensen die aan de dijk geboren en getogen zijn, willen dan ook niet naar 'het dorp' en het moet toch duidelijk zijn dat met het onteigenen en slopen van die dijkwoningen niet slechts het landschap wordt geschaad. Er wordt daarmee ook dikwijls een levenssfeer vernield en (daardoor) menselijk leed veroorzaakt.
Als we Brakel even buiten beschouwing laten, dan zijn het tot nu vooral

De Waaldijk met de bekende toren van Varik.

solitaire huizen buiten de dorpskommen geweest welke voor de dijkverzwaring worden gesloopt. Om een typisch dijkdorp te sparen, worden er hier en daar plannen gemaakt om nieuwe dijkvakken te maken door de uiterwaarden heen, waardoor de huidige dijk zijn waterkerende functie verliest en 'slaperdijk' gaat worden. Op de tekentafel zijn dergelijke plannen gereed voor Herwijnen en voor het dorpje Rijswijk tegenover Wijk bij Duurstede. Maar die plannen zijn niet in de eerste plaats ingegeven door het verlangen de karakteristieke dorpsbebouwing te sparen: het aankopen van al die huizen zou méér kosten dan het aanleggen van een geheel nieuwe dijk op enkele tientallen meters naar de rivier toe. Ook dat zijn overigens ingrepen die er niet om liegen. Landschappelijk zijn ook de uiterwaarden altijd zeer kwetsbaar en het dorp aan de slaperdijk heeft in wezen zijn relatie met de rivier verloren.
De Commissie-Rivierdijken zegt erover 'Ten aanzien van de mogelijkheden tot handhaving van bestaande (binnendijkse) bebouwing kan worden opgemerkt dat deze groter blijken te zijn dan tot voor enige tijd werd aangenomen. Ervaringen in de Krimpener- en Alblasserwaard hebben geleerd dat deze bebouwing meestal is op te vijzelen, zodat een taludverflauwing of aanberming kan worden aangebracht zonder schade aan de bebouwing. Wel dient gezegd dat de aanwezigheid van bebouwing door allerlei activiteiten en vreemde objecten daarbij (vooral leidingen) de betrouwbaarheid van de dijk afbreuk doet. Per geval zal onderzocht moeten worden in hoeverre dit extra risico aanvaardbaar is en in hoeverre de extra kosten verantwoord zijn'.
In het Gelders Rivierengebied is tot nu toe niet gepoogd dijkwoningen op te vijzelen. Erg veel dijkwoningen hier zouden een dergelijke operatie waarschijnlijk niet overleven.

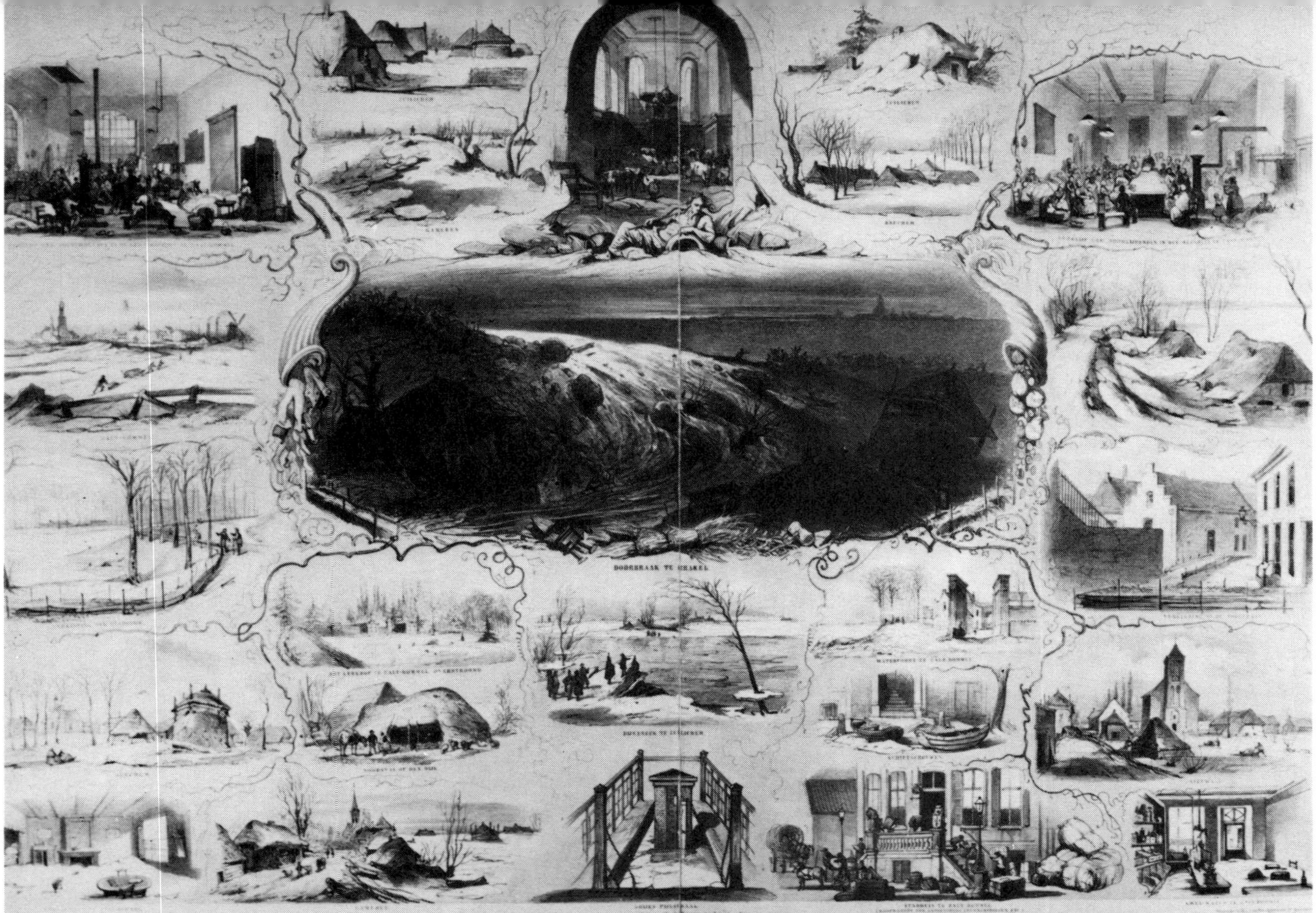

WATERVLOED IN DEN BOMMELERWAARD JANUARIJ 1861.

Zeer specifieke problemen brengt de dijkverzwaring met zich mee voor enkele oude steden, waar vanouds de vestingwallen tegelijk ook hoogwaterkering waren. Dat geldt in het bijzonder voor het IJsselstadje Doesburg, waar de dijkverzwaring zoveel ruimte in beslag dreigt te nemen, dat de haven niet meer gebruikt zal kunnen worden en/of de fraaie Kempermansgracht wordt aangetast. Ook hier pleit het gemeentebestuur voor een alternatief, waar de waterstaatstechnici tot nu toe niet aan wilden: een damwand of desnoods maar een dubbele damwand. Minister Westerterp heeft zich ermee bemoeid, doch het ei van Columbus schijnt nog niet te zijn gevonden.
Voor Tiel is op papier een oplossing gereed, waarbij tussen de rivier en de oude walmuren een nieuwe dijk wordt gelegd. Maar ook hier komt het gemeentebestuur op voor het historisch stadsbeeld, dat ernstig zou geschonden worden als deze plannen zouden worden uitgevoerd. Ook Monumentenzorg heeft er bezwaar tegen de oude stadswand aan het zicht vanaf de Waal te onttrekken door een hoge dijk.
In Culemborg wordt gedokterd aan de combinatie van de dijkverzwaring met een stukje stadssanering, maar dat lijkt een welhaast onmogelijke zaak als het ook hier een zware dijk met zeer brede bermen zou moeten worden.

Proefvakken

Hoezeer de Commissie-Rivierdijk bereid is de tot nu toe gehanteerde uitgangspunten te verlaten, blijkt uit de oplossingen die gesuggereerd worden voor een viertal 'proefvakken'. Ook een van de allermooiste stukken rivierdijk, de Waaldijk in Neerijnen, is ook als zodanig gekozen. Aan de rivierkant ligt daar een prachtige strang 'De Kil' langs de dijk en aan de andere reikt een groot boscomplex tot aan de teen van de dijk. Die dijk moet versterkt worden, maar de commissie suggereert daarvoor oplossingen die verrassend beperkt zijn. De strang kan geheel gespaard blijven en aan de andere kant zouden slechts enkele bomen en struiken behoeven te verdwijnen. Dat is daar mogelijk, omdat zowel de uiterwaard als de bodem van de strang bedekt is met een kleilaag, zodat wat voor Neerijnen geldt, niet zonder meer voor andere dijkvakken mag worden overgenomen, aldus de commissie. Maar het ligt natuurlijk voor de hand dat een nauwgezet onderzoek zal uitmaken dat aldus voor nog heel wat andere kwetsbare dijkvakken een uitgekiend plan kan worden gemaakt, waardoor velerlei waardevolle elementen gespaard kunnen blijven.
Uit berekeningen voor een ander proefvak is gebleken dat het best mogelijk is het dempen van een wiel langs de dijk achterwege te laten door toepassing van damwanden ('waarmee uiterste voorzichtigheid moet worden betracht') of

Een 'weldadigheidsprent' zoals die werden uitgegeven ten bate van watersnoodslachtoffers. Deze prent (een litho van C. C. C. Last) toont diverse beelden uit de in januari 1861 overstroomde Bommelerwaard.

door het aanbrengen van een onderwaterberm.
In Neerijnen zou naar de mening van de commissie de dijk op verantwoorde wijze zonder noemenswaardige ingreep op peil gebracht kunnen worden als de kruin zodanig kan worden versmald dat het autoverkeer omgeleid moet worden. Ook dat is een suggestie die zonder twijfel voor een groot aantal dijkvakken opgeld doet. Een dijk zal een kruin moeten hebben, waarop de beheerders bij hoge waterstanden met voertuigen moeten kunnen komen, maar waarom zou de rivierdijk overal geschikt moeten zijn voor doorgaand autoverkeer? Van heel wat bijzonder mooie dijkvakken zouden best wandel- of fietsboulevards gemaakt kunnen worden. Als daarmee dan de kaalslag van de dijkverzwaring voorkomen kan worden, kan men daar, waar de auto niet verder mag, fietsen gaan verhuren. Mogelijk kan het dijkbeheer dan ook voor een deel naar de recreatieschappen.

Uitkienen

En nu maar uitkienen dus. Uiteindelijk stelt het rapport van de Commissie-Rivierdijken, dat door 'vriend en vijand' met zoveel ongeduld tegemoet gezien werd, méér vragen dan het beantwoordt.
Zeer terecht wordt erin gepleit om ook de bevolking te betrekken in de plannen voor dijkverzwaring. Dit dan uiteraard in een vroeg stadium, als er nog gekozen moet worden uit de verschillende mogelijkheid en vanuit een mentaliteit, die bereid is tot luisteren.
Terecht wordt evenzeer gepleit voor een kleinschaliger aanpak, die zo grondig verschilt van de – respect afdwingende – robuustheid waarmee in het verleden de waterstaatstechnici in ons land de zaken hebben aangepakt.
Wie zal dat allemaal betalen? De commissie schat dat door het uitvoeren van uitgekiende plannen de kosten van de dijkverzwaring met 15% zullen worden verhoogd, en de dijkbeherende waterschappen vinden dat de kosten, welke niet in eerste instantie gemaakt worden om het water te keren, uit de rijkskas moeten komen. Die kostenverdeling zal dus best nog heel wat problemen met zich meebrengen die tijd roven.
De inspraak, het zoeken naar alternatieven, nieuwe becijferingen, het omschakelen naar andere technieken, het plukharen om de centen – er zal daarvoor veel tijd, energie en verbeeldingskracht nodig zijn. Maar het dijkenlandschap is dat allemaal meer dan waard. Moge ook de rivieren nog wat geduld hebben.

Litteratuur

Voor wie er méér van weten wil, is het grote en (tot nu toe) tweedelige werk van dr. M. K. Elisabeth Gottschalk 'Stormvloeden en Rivieroverstromingen in Nederland' verreweg de beste informatiebron over watersnoden vóór 1600. Dr. Gottschalk geeft zeer uitgebreide litteratuurlijsten.
Ook in 'De historie van het Land van Maas en Waal' van dezelfde auteur als het boekje, dat u thans voor zich heeft, zijn een groot aantal watersnoodkronieken opgesomd. Aan dit (al vele jaren uitverkochte) werk zijn enkele in dit boekje verwerkte gegevens ontleend.
Het werk van Andries Vierlingh is in 1920 uitgegeven door dr. J. de Hullu en ir. A. G. Verhoeven als deel 20 (kleine serie) van Rijks Geschiedkundige Publicatiën.
Voor het oude dijk- en waterrecht is nog altijd het uit het begin van deze eeuw daterende tweedelige standaardwerk 'Het dijk- en waterschapsrecht in Nederland vóór 1795' van dr. A. A. Beekman een zeer goede informatiebron.
Het rapport van de Commissie-Rivierdijken, dat aanleiding werd tot het samenstellen van dit boekje, is een uitgave van het ministerie van verkeer en waterstaat. Evenals het rapport zelf, zijn ook de bijlagen erg interessant en ook voor de niet-technicus goed leesbaar.

Bronvermelding illustraties

Omslagfoto en foto's pagina 22 en 79: V.V.V. te Tiel.
Foto's pagina 6 – 20 – 29 – 64 – 68 – 71 – 74: Bouwhuis te Tiel.
Foto's pagina 8 – 9 – 11 – 15 – 17 – 26 – 27 – 32 – 35 – 36 – 39 – 41 – 43 – 44 – 47 – 51 – 77 – 80: Atlas van Stolk te Rotterdam.
Foto's pagina 37 en 59: Rijksarchief in Gelderland te Arnhem.

Inhoud

1 DE AANLEG VAN DE DIJKEN 5
Kaden 5
Meer water 5
Van 'onderop' 7
Dijkbrieven 7
Ouder recht 8
Bochten 9

2 HET OUDE RECHT 10
Gemene gronden 10
Kerken 11
Hoefslagen 12
Schouwen 12
Loven en bieden 12
Liggen teren 13
Tuinschouw 13
Spadesteken 14
Verloren dijk 15
Zeven gevers 16
Stille waarheid 17
Winterbed 18
Takkebos 19
Bevaren 19
Mestkar 21
Eeuwen lang 22

3 HET WATER TOT DE LIPPEN 23
Onderzock 24
Op schrift 24
Cronicon 25
Opnieuw 28
Oorlogen 29
Ooggetuige 30
Republiek 33
Waterverdeling 34
Hollands hart 34
Drie belangen 37
Registers 38
Straf 40
Overdijken 42
19e eeuw 42

4 RECHT DER STERKSTEN 46
Belenen 46
Beperking 47
Vierlingh 48
Vrijdom 49
Dijkleger 50
Beginsel 51
Reglement 52
Grondbezit 53

5 SLECHTEN OF VERHOGEN? 55
Op stelten 55
Van de baan 56

6 GESCHONDEN SCHOONHEID 58
Molens 58
Pioniers 59
Dijkstaal 60
Angst 61
Trage start 61
Moloch 62
Dijken en veren 63
Landschap 65
Elementen 66

7 FANTASIE GEVRAAGD 67
Risico 67
Wadich 68
Aanbermen 69
Verlaten 69
Uitdiepen 70
Verdeling 71
IJsvorming 72
Risico 72
Tegenstellingen 73
Norm 74
Onbehagen 75
Asfalt 75
Helling 77
Huisjes 78
Proefvakken 81
Uitkienen 82

LITTERATUUR 83

GEOGRAFISCHE UITGAVEN VAN BOEKENCENTRUM

Drs. J. A. Abrahamse en H. Koning
Schiermonnikoog, van Westerstrand tot Willemsduin (4e druk)
Gerard Barendse en Piet Terlouw
Het groene hart van Nederland, Lopikerwaard, Krimpenerwaard, Alblasserwaard en de Vijfherenlanden
Drs. J. W. Boersma e.a.
Terpen, mens en milieu, 2e druk
H. W. van den Brink
Veluwe, speeltuin van Nederland?
Will Conijn en Kees Hana
Texel, van Marsdiep tot Eyerlandse gat (2e druk)
Theo Dirks
De IJsselmeerpolders, het nieuwe hart van Nederland
Dr. L. van Egeraat
Brabant, het andere Nederland
Dr. H. Entjes
Dialecten in Nederland
Dr. Hendrik Entjes en Jaap Brand
Van duivels, heksen en spoken, Nederlandse volksverhalen
G. Grandiek
Zaanstreek, bakermat van industrie
Gerrit van der Heide
De Zuiderzee, van land tot water, van water tot land
H. van Heiningen
Dijken en dijkdoorbraken in het Nederlandse rivierengebied
H. van Heiningen
Het Gelderse Rivierengebied, rondom Maas, Rijn en Linge
Willy H. Heitling
Oost-Gelderland, land in beweging
Jan W. Hiskes
De Veenkoloniën
Sietse van der Hoek
Hopend op vrijer leven, geschiedenis van de Drentse veengebieden
J. J. Kalma
Friesland, toen en nu
G. Kuipers
Volksleven in het oude Drente

G. Kuipers
Hondsrug, heuvels en hunebedden (2e druk)
Tom Lodewijk
Van Wildernisse tot Bollenstreek
Hans Lutz
De Biesbosch, dood tij, levend water
Kees van der Maas
Walcheren, een eiland of niet soms?
S. J. van der Molen
De Friese Zuidwesthoek, ruimte en rust
S. J. van der Molen
Terschelling, van Noordsvaarder tot Bosplaat (3e druk)
Korn. Mulder
Hannekemaaiers en kiepkerels (2e druk)
Jan A. Niemeijer
Land van terpen en dijken (2e druk)
Jan A. Niemeijer
groningen, stad en land (2e druk)
Jan A. Niemeijer e.a.
Wadlopen (2e druk)
Serve Overhof
Zuid-Limburg, bronsgroen grensland
Jan H. Pelleboer
Volksweerkunde, klopt het of niet? (2e druk)
Kees Post
Het boerenhuis in Nederland
Kees Post
De kop van Overijssel
T. F. J. Pronker en H. M. Eck
Vlieland, van Hors tot Horn (2e druk)
Jan Reeskamp
De Utrechtse Heuvelrug
Age Scheffer
Van zeerampen en redders
Mr. D. H. Schortinghuis
Cleyn eilant Rottum (2e druk)
Jo Smit
Terschellinger getij
Piet Terlouw
De Vecht, tussen Oud Zuilen en Weesp
P. Terpstra
De Wadden, wisselende schoonheid
K. Vloedgraven en H. Sterken Rzn
Oud Staphorst in woord en beeld

Dr. J. P. van de Voort
Vissers van de Noordzee, het Nederlandse visserijbedrijf in geschiedenis en volksleven
Evert Werkman
Nederland en het water, een gevecht van 2000 jaar

In onze nieuwe reeks
Grote Foto/Tekstboeken verscheen:

Lammert Huizing en Tineke Wieringa
Mensen in Drente

In onze nieuwe reeks
Kleine Toeristische Foto/Tekstboekjes verschenen:

H. Bakker
Ameland
W. Conijn
Terschelling
Louise Mellema
Schiermonnikoog